YOKO流
パリシック・スタイル

米澤よう子
yoko yonezawa

大和書房

Avant propos

はじめに

パリの生活をいったん区切り、東京に拠点を戻してから、かれこれ6年。
私のおしゃれも日常生活も、なんらパリ時代と変わりません。

「普通なのにおしゃれ」になれるシンプルシック。
クローゼットはミニマム。生活は無理なく無駄なく、自分らしく──。
そして心の波はおだやかに──。

私のパリ暮らしは、パリジェンヌのように過ごす試みから始まりました。
抱いていた華やかなイメージからは遠く、想像よりもずっと地味なものでした。

地味とはいっても、退屈でみじめなものではありません。
特別なことはないけれど、毎日の「当たり前」から、
喜び、楽しみを見いだす生活は、むしろ充実と誇りに満ちていました。

4年間コツコツとそんな生活を続けた結果、
「パリでなくとも、東京でもできる!」
と、確信できたのも帰国の理由です。

日本で実践している日常の様子と提案を、
約半年間にわたり、WEBマガジンで発信しました。
連載「日々パリ・シック&プチ・アートYOKO流」は、
ファッション、お料理、アートや映画、カルチャー、マインドなどを、
暮らしをアートのように楽しむパリ仕込みのコンテンツとして、
毎週発行しました。そこから記事を抜粋し、
新たな描きおろしも加えてまとめたのが本書です。

まずは自由にページをめくってみてください。
あなたの「パリジェンヌのような暮らし」のお役に立てることを祈ってます。

CONTENU

はじめに — 2

1er CHAPITRE 手持ち服で即パリジェンヌ流

定番カーデをパリ流アレンジ! — 8
ファストファッションもパリ流OK — 10
総柄ワンピをパリ・シックに着る! — 12
ベルトでシンプルワンピ3変化 — 13
デニムの着方を変えてみる — 14
着こなしの位置を演出 — 15
パンツ派orスカート派? — 16
コンバースでパリマダム風に — 18

パリジェンヌとおしゃれレッスン
だらしなく見えない「着くずし」の秘密 — 20

森ガールからパリ・ガールへシフト! — 22
「カワイイガールズ」から、
パリのマドモアゼルにイメチェン! — 24
「ナチュラルママ」から、
パリのママンにカンタン変身! — 25
パリ流シック&ダークを導入 — 26

YOKO's French Recipe
冷蔵庫の定番ストック素材で即フレンチを!
じゃがいもオンリーのガレット — 28
オレンジ入りキャロット・ラペ — 29
とろっとスクランブル&きのこの焦がしバルサミコ — 30
チキンのロティ、ハニーマスタードソース — 32

2ème CHAPITRE “旬感服”をプラスして、今風パリ

季節をつなぐシースルー — 36
シースルー・ア・ラ・モード — 38
「キラキラ」をほんの少し装ってお出かけ — 40
買い物する前にきちんとリサーチ — 44
カラフルで自由なランジェリー — 46
セールアイテム投入で新鮮に — 48
年末年始を1アイテムで! — 52

パリジェンヌとおしゃれレッスン
失敗しない、心配いらずの合コンスタイル — 56

YOKO's EYE
パリ流家計のやりくり — 58

YOKO's French Recipe
プラスワン食材で、気楽にフレンチ
サーモン缶のブランダード — 60
アボカドとサーモンのヴェリーヌ — 62
2種のパリパリ「クリスピー」焼き — 63

3ème CHAPITRE 小物使いで120％のレベルアップ

アクセサリーを魅力的に見せる —— 66
カラータイツはトータルバランス！ —— 67

パリジェンヌとおしゃれレッスン
バッグの選び方、持ち方がおしゃれの秘訣 —— 68

ジーンズがきまる靴下を選ぶ —— 70
見えないあったかインナー —— 71

冬のスヌード、春のストール —— 72
巻きモノの「巻き方」で差を出す —— 74

YOKO's French Recipe
残り物でもOK！
挫折知らずの気ままに続けるレシピ
外カリッ中モチ！　塩系パン・ペルデュ —— 76
トマジュースープ、南仏風 —— 78
ポテトの「グラタン・ドーフィノワ」を豆乳で —— 80

4ème CHAPITRE パリ流ノアールを極める

いつでもどこでも万能色「黒」で！ —— 84
ノエル用ブラックワンピを普段にも —— 88
黒のニュアンスに敏感になる —— 90
年齢から解き放たれてみる —— 91
「ピリリ赤」の効かせワザ —— 92
「ピリリ赤」のスパイス —— 93
「ピリリ赤」で旬なスタイルに —— 94
「ピリリ赤」をモードスタイルに —— 95

パリジェンヌとおしゃれレッスン
日本のニューイヤーにおすすめ、
パリのノエル・ルック —— 96
日本のノエルにおすすめ、
パリのニューイヤー・ルック —— 97

YOKO's EYE
パリ流お弁当生活 —— 98

YOKO's French Recipe
毎日作りたくなる！　ヘルシーフレンチ習慣
カンタン＆ストックできる赤ワインソース —— 100
ソースに合わせるローストポーク —— 101

毎日カラフル野菜生活が可能！私の野菜保存法 —— 102

私のパリの1日 —— 106

おわりに —— 110

1er
CHAPITRE

手持ち服で
即パリジェンヌ流

PLAN 1

定番カーデをパリ流アレンジ！

パリジェンヌ度
100%
そのままたらし、ササッと肩掛けでパリジェンヌ風
重めニットならズレなく安定
左側にずらして、さりげなく着くずせばパリジェンヌ
パリジェンヌ度
90%
Les styles de Cardigans

「手持ち服」こそこなれた雰囲気に

近頃はやりな、別名「プロデューサー巻き」または「(石田) ジュンイチ巻き」。ファッション性だけでなく、実用面でも便利なのが人気の理由かも。冷房の効き過ぎ時のお助けアイテムになり、薄着の時期に目立つ二の腕やデコルテを、さりげなく立体的に隠し、フォローしますよね。男性発?のスタイリングですが、女子度UPにも貢献!

首周りにボリュームを持たせれば、対比で首が細く見えるし、肩から下へ伸びる袖は、なで肩に錯覚させ、全体的にやわらかイメージに♡女子度が上がったとしても、パリ流の目標は

パリジェンヌ
上級編

ベルトにINのスタイリング
ニのウデかくしに最適☆

透け感あるカーディガンをはおり、第一ボタン留め
プチ・セクシー♡デートに最適！

パリジェンヌ的
恋愛効かせワザ

あくまでも「自然体」。がんばってきれいに巻きすぎるより、少しドレスダウンする感覚の方が、わざとらしさゼロ、さりげなく仕上がります。そうです、パリジェンヌお得意の「こなれ感」ですね！

「そこにあったのをひょいと肩にかけただけ」

そんな風に見せておきながら、実は鏡で360度様子を見ているのがパリジェンヌ。結び目を緩く調整したり、ななめにずらしたり。

微妙な「巻き具合」を何度も試して、しっくりくるところを見つけて。パリ流の掟、靴を履き、全身鏡のチェックは怠らずにネ！

PLAN 2 ファストファッションもパリ流OK

辛口派
ちょっとユーズドっぽい質感を好むパリジェンヌのツボ☆甲見せパンプスできりっと
シルクのドレープ感を活かすスタイリング
ウエストに一度inしたあと、ふわっとつまみ出す
甘口派
プラスロングネックレスゆらゆらゆれれば
動画映え☆
↑そでが留まる位置まで上げ、手首見せの女子度UP!
シルクの「とろっと感」と、タイトスカートの「ピシッと感」で、
甘すぎないバランスをはかれば
たちまちパリジェンヌ♡
Chemisier en soie de Uniqlo

シルクシャツ編

賢く選べば、かなり使える!

ユニクロのシルクシリーズ（※）のなかでいちばんパリっぽいのは「シルクスタンドシャツ」。黒の施しが特徴。衿と前中央の「黒幅」がちょうどよく、上品に見えます。カラーで最もパリを感じたのが紺です。数回洗濯をしたように、表面にうっすら0.1%の「くすみ」が。この具合がパリジェンヌお好みです。ぴっかぴかの新品より、自分になじんだテイストが彼女らのジャンル。でもくたびれて見えないぎりぎりラインを見極めます。そんな条件をクリアした、この紺はイチ押し。しかし、わが日本女子の場合、とくにオフィスでは「きれいめ」がドレスコー

ドだったりしませんか？　それにはピンクがベストです。このスモーキーカラーは充分パリ風。でもコーデは甘すぎずがパリ流ルール！
　他アイテムを極力シンプルにすれば、「一見普通なのにおしゃれ」なパリジェンヌスタイル完成です♪　そうそう、サイズは2サイズ試して、肩幅がしっかり合う方を選んでください。
　シャツワンピの色は、落ち着き感を優先して、濃紺を選びました。パリジェンヌっぽく、着回しでフル活用、かしこくおしゃれにネ☆
※2013秋モデル

シャツワンピ編

ニクロの
ニムシャツ
ンピ
用術☆
白ボタンに合わせて、白ベルト&白バスケ
パリジェンヌのようなラフな着くずしで優等生スタイルがおしゃれに☆
カーデ&ベルトでスリム・シルエット仕上げ
"Robe en jean de Uniqlo"

PLAN
3　総柄ワンピをパリ・シックに着る!

ポイントは、「柄が見える面積」

パリジェンヌは、シックな柄モノを身につけています。「Sinéquanone」のドレープワンピはちょっとコンサバタイプのパリジェンヌがとくに好むようです。とは言え、パリジェンヌ。羽織りモノで堅苦しさゼロの程よくコンサバ&シック仕上げに！　一番右のイラストは、日本でもなじみ、かつ、いかにもパリっぽい「さりげなおしゃれ」になるのでは？

PLAN 4　ベルトでシンプルワンピ3変化

グレーニットワンピで
細ベルトでドレッシー
上身頃をつまみ出し、ベルトが埋まって見えるとgood
太ベルトでエレガント
上めに装着。リボンは左右アシンメトリー結び
中太ベルトでカジュアル
下側にたるませるよう装着

パリでベルトひとつの効果実感

パリジェンヌの大好きアイテム、ベルト。ワンピをあれこれそろえなくても、ベルトで別顔にすべく、トライ！　シンプルなニュートラルグレーのワンピで、3通り描いてみました。どうでしょう？　ベルトひとつの効果を見たり！　パリのストアの小物売り場では、2本組みでも売られています。ベルトの着せ替えですね。

ベルト効果に確信を持ったのは、ブティックでワンピを買った時。店員さんにすすめられて一本買ってみたところ、その後、いろんなシーンで役立ちました。そのベルト、本革でお値段はニット一枚分相当。迷いがありつつの購入でしたが、その後のヘビロテを考えると、充分モトはとったと言えそうです。日本には本革でも安い品は豊富♡　ベルトライフ、エンジョイしたいですね！

PLAN
5 デニムの着方を変えてみる

ウエストマークはお約束。足もととのバランスに有効☆

10〜20代編

10〜20ans

「ウエストマーク」と「足もと」で新鮮さを

少ないアイテムを、着方でバリエーションを増やす達人のパリジェンヌ。いつものデニムシャツ、スカート、スキニー。着こなしに新鮮味を出すために、「ウエストマーク」と「足もと」に注目。ウエスト位置をはっきりさせ、上めにすることで、どっしりブーツとのバランスもはかれます。そう、重心が下がらないから、スマートに見えるんですね。ぜひ、チャレンジしてみてください。

PLAN 6

着こなしの位置を演出

さりげない調整が洗練への近道!

20～40代編

クローゼットをミニマムにしたならば、20代からはガーリー要素を卒業し、パリ流シックへ——ちょっと物足りなく、かつ一見地味めが真のパリ流。身につけているモノはシンプルでも、こだわりがいくつも見つかります。「位置の調整」です。ほんの1センチウエストを上めにしたり、トップスをまくったりたるませたり。それだけで、地味めから洗練へとおしゃれ度アップ! 20代から訓練すれば、パリ流のピーク、40代への楽しみが増えますね。

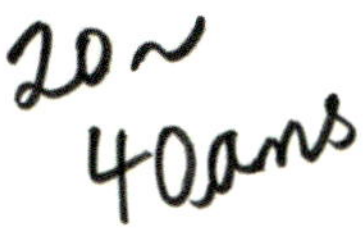

PLAN 7

パンツ派orスカート派？

マダムとマドモアゼルのキメ過ぎないいつものスタイル

パンツ派
デニムは濃紺を選び、ブーツで「どっしり」とした安定感をはかる!
スカート派
カットソー&スカートはタイト&シンプル。カーディガンをうしろにたらす感覚でゆるっと、
足もとはバスケットで活発感を☆
Mademoiselle

新鮮なのは、ひざ下ミディ丈。
飾り少なめの大人フェミニンに!
スカート派
パンツ派
肩が直角でシャープなJKを「寅さん羽織」でカッコよく!
Madame

PLAN 8

コンバースでパリマダム風に

日常シーンこそ、カジュアルダウン

こういった「くだけたアイテム」がカッコよく決まるのが40代!
パリのマダムは、よいお手本になります。
と言いつつ、こういう参考スタイルは、定位置から
街を眺めていて容易に収集できるものでないところもパリっぽい。
「TPO重視」だからですね!
場所を選んでカジュアルダウンしているのがわかります。

なので、このスタイルでの私の「ネタ元」は、定位置
朝のパン屋さん、同じく朝に子どもの送迎をするママ。
日曜のマルシェ、同じく日曜の公園などです。
例外として、雨の日もありますね。

日本だったら、同じく公園、子どもの送迎時や運動会などで、
いかがでしょう? カッコいいですよ!
へ? 公園にきれい服? 送迎にスーツ? ブランド?
ノンノン、日本のお母様方、ぜひぜひパリマダムカジュアルを★

40代ならちょうど似合うはず!

朝のパン屋さん&マルシェでのこの格好が超カッコ良い!
ロンシャン
子ども送迎&公園にもGood!
大人は、お手入れされた白でもっとステキに♡
ちょっと上級ですが、マキシを合わせて。パリ中心部マダムイメージ♡
本国でもヒット★「コントワー・デ・コトニエ」のスリムダウンと
スヌード風
小型がオススメ。高め位置で
黒×黒もパリ・シック☆
Pour les femmes de 40 ans

パリジェンヌとおしゃれレッスン

だらしなく見えない「着くずし」の秘密

えりもとぐしゅっとV字アキが
自由なカンジで好き♥
ウエストからシャツをたらっと出すのも好き♥

パリジェンヌお得意、着くずしてこなれ感UPの
おしゃれ上級者。

ともすれば、単にだらしない人にも見えちゃうかもネ??

おしゃれ上級者 or だらしなさん…

上級者テクニックは「ソロエル場所」を見つける事。
見た目に「統一感」が生まれて、
だらしなさんにはならないってワケ!

たとえば、このライン。
シャツとネックレスのVラインソロエ、
ポケットラインにも
合ってるでしょ?

ウエストとそでまくりラインもネ

ボウタイだらりんが好み♥
ボタンはずしは定番ネ♥

パリっぽいワンピ着くずしも
なにげにソロエてるの!

Bag&ウエスト

時計(ブレス)&ポケット

つまり、着くずしたあとに
「合わせられたり、ソロエられる」
場所に目をつけて、
スタイリングしてみると
「だらしなさん」防止、
パリ流おしゃれ上級生の
できあがり☆

究極は、
どんな「ボロ」でも、
本体、つまり自分を
磨いていれば
「だらしな感」は
ないと思うの。
どんな自分磨き？
スキンケア、ヘアケア、
ボディケアかな。
香りも大事ネ☆
「内面磨き」も！
ぐしゃっとヘアじゃなきゃ♥
ユーズド感が好き♥
無造作巻きは毎日トライ♥
大好き♥ダメージ加工
ヴィンテージっぽさもタイプ♥
----インナー、ストール、
JK丈ゾロエ
自分本体磨きでカバー
---色をソロエル
古っぽいムラ革♥
ぐしゅっとルーズ・ブーツも好み♥

PLAN 9

森ガールからパリ・ガールへシフト！

重ね着を少し抑えてすっきり見せる

森ガールがパリ流に？
難しそうに思えるかもしれませんが、そんなことはありません。
スカート中心、カジュアルな女性らしさがあるワードローブにするならば……、
まずは「なるべく重ねない」ことを条件にしてみてください。
これは、カジュアル過ぎを防ぐためです。

スカート＋レギンス。
↓
スカート＋素足。
スカート＋タイツ（秋〜）。

トップスも、Tシャツ＋シャツ＋カーデ。
↓
（外見上では）シャツ＋カーデ。

重ね着は、ビジュアル的に複雑に見えて、
印象がランダムになり、ラフ＝カジュアルに映ります。
パリ流は、すっきりする部分をなるべく多く、がモットー！
でも、すっきりだけでは終わらない！　ドレスダウンし、
20％のラフさを加えるのも忘れずに。そのことで女性らしさが優先しつつ、
気取りのない少しのカジュアル感を醸し出してくれます。
今持っているアイテムも活用しつつ、多くは買い足さないから、
結果お財布にもやさしい♡がパリ流シフトの宣伝文句☆

ちなみに、私もスカート派です。
でも年を重ねると無理っぽくなるのかな？　なんてパリ以前は思っていましたが、
ギャザースカートをステキに着る40〜50歳、いえそれ以上のマダムを見て、
「年齢なんてカンケイないんだ！　着方が大事なんだ」と、希望に満ちたのでした。
スカートは永遠の女性アイテム。ずっと着続けたいですよね。

森ガールのやさしい雰囲気そのままに、
パリ流スタイルへ
森の妖精っぽくフワフワしたカンジが森ガールかと思い、イメージで描きましたが、ちがってたらごめんなさい♪
安全ピン留めで、ウエストくびれを
スカートはギャザーでもコンパクトタイプをチョイス☆
手首出し、プラスブレス
{うしろ姿も女性的}
ウエストくびれでヒップアップ効果も

PLAN 10 「カワイイガールズ」から、パリのマドモアゼルにイメチェン！

その人らしく、
ステキなところは、テイストが違っても残すのが
✦自由なカンジが魅力的なカワイイ・スタイル✦
パリ流イメチェン術♡
パリ流でのハットは、シルエット&
バランス的に難しく上級者向け。
ボタンはずしの
デコルテ美ワザ
ベルトを端に、フレンチ エスプリ☆
クラッチ持ちで
大人度UP
立ちポーズも、なりきりパリジェンヌ！
120%スタイルUPをねらってる!?
足もとは
極力スッキリが掟

PLAN 11

「ナチュラルママ」から、パリのママンにカンタン変身！

カジュアル感はそのままに！
ゆるっとラフがママらしいスタイル
やはりハットはリスキー！
日焼けはクリームでガードを。
子どもと一緒にいるのが大事！
多少の日焼けはケセラセラ♪
ストールをジレ風に
ウデが細長く感じるよう
ウエスト・マークで
キリリ感プラス
Bagはなるべく上半身におさめると重い荷物も
軽く見える
チュニックの場合、ひきのばすのがベター。
なるべくひざ下の凹凸をなくせば、
スラリのパリ・ママンに

PLAN 12

パリ流シック&ダークを導入

テクスチャー編

色を抑えてこそ醸し出せる雰囲気

パリ流には欠かせない、シック&ダークな色み。でも、単純なシックではないのですね。ざっくりニットだったら、編み目のバリエーション。トップスだったら、異素材ミックスタイプを選んで、「単調」にならないスタイルへもっていきます。形や飾りに大きな特徴はなくても、このテクスチャーが、おしゃれアイテムに見せます。色で遊ばず、テクスチャーで遊びを。それがパリ流の秘密です。

ニュアンスで昨年との違いを醸し出す

形的なトレンド・アイテムを追加しなくてもパリ流は可能。いつものシルエットで大丈夫。要は「ニュアンス」。ちょっとわかりづらいけれど、たとえばシャツのパイピング。ほんの数ミリだけれど、これでいつもの形が、いつもと違う立体感を醸し出します。また、ツヤアイテムとマットアイテムを重ね着し、光の反射でもっていつもの色合いが新鮮な表情になります。自分がいちばんしっくりするシルエットで、ニュアンスのあるモノを選んだり、バリエーションをはかったりすれば、たちまちパリジェンヌルックに。

ニュアンス編

パイピングシャツで、プチ立体感
3ミリ幅が上品に映る
ダウンのツヤ感＋シャツのマット感の対比

YOKO's French Recipe

冷蔵庫の定番ストック素材で即フレンチを！❶

じゃがいもオンリーのガレット

★★★

フレンチ食材で、おそらく一番の消費量を誇る？じゃがいも。レシピは数あれど、私の思い出の味は「屋台のガレット」。週末、近所のレンヌ通りにたつマルシェで、おじさんから焼きたてをいただく喜び♪　それが私のパターン、超シンプル仕上げになりました。おやつに、付け合わせに、おつまみに。時間をおいて、しっとりしてもおいしい。

材料（じゃがいも1個分）

じゃがいも
――――― 1個（この場合、メークイン123g）
オリーブオイル ――――― 大さじ1〜2
粗塩、こしょう ――――― 適量
パルメザンチーズ ――――― お好みで

用意するモノ

スライサー、ナイフ、キッチンボード、フライ返し、フライパン

作り方

1　じゃがいもをスライサーで千切りにし（もちろん手切りでも可）、塩こしょうしてざっと混ぜる。そのまま時間をおくと色が変色するので、じゃがいもは調理の直前にスライスするのをおすすめします。

2　お隣ではオリーブオイルをひいたフライパンを中火であたためて、スタンバイOK★　じゃがいもを入れます（私の場合、クレープのように薄めにするのが好き。なので、広げて焼きます）。

3　周囲がきれいにおさまるように、フライ返しで形を整えつつ面倒を見ます。火を弱めて4〜5分、さらに焼きます（火加減は、フライパンやコンロによって変わると思うので、周囲の焼き色を見て調整してくださいね）。また、カリカリにするために、フライ返しでプッシュ。表面が透明になったら「返し時」。弱火で1〜2分でフィニッシュ。

食べるとき

まず4等分にカット。重ねてさらに2等分。盛り付けを「ケーキ風」にするためです♡　シャンピニオンと、（栽培している）ローズマリー、プチトマト、パルメザンチーズを一緒に盛り付けたら、クリスマスみたいになっちゃった！

冷蔵庫の定番ストック素材で即フレンチを！❷

オレンジ入りキャロット・ラペ

★★★

フレンチ総菜の定番、キャロット・ラペ。にんじんのサラダですね。そのキャロット・ラペをアレンジした私のレギュラーが、オレンジを入れたバージョン。味はやさしく、ほんわりした甘さがパンにはよく合います。ぜひストックで！

材料（作りやすい分量・にんじん1本分）

- にんじん ―― 1本（約150g）
- オレンジ ―― 1/2個
- フレンチマスタード（※粒or練り）―― 大さじ1
- レモン汁 ―― 小さじ1
- 粗塩 ―― 小さじ1/2
- 黒こしょう ―― 少々

※酸味があり、パンチがあるのが粒。マイルド仕立てが練り。お好みで選んでくださいね。

用意するモノ

ナイフ、キッチンボード、ボウル、皮むき器、チーズおろし器、スパチュラ、竹串2本

作り方

1 にんじんの皮を皮むき器でむきます。ななめに持ったにんじんをチーズおろし器で、ざっくざっくとおろし、ボウルに移しておきます。

2 オレンジは、上と下の皮を切り落としてから、キコキコとのこぎりでそぎ落とすように、側面の皮をカット。白いところが残ったら、それもカット。中の薄皮にそってナイフを入れ、もう片方の薄皮面にも同じくナイフを入れます。ちょうどVに切るようにすれば、房が難なく取り出せます。皮や薄皮に残ったジュースも搾ります。

3 オレンジをにんじんの中に入れたら、あとは調味料を入れて混ぜるだけ。まずは粗塩。次にレモン汁。そしてマスタード。最後に黒こしょうです。

食べるとき

私のお気に入り、丸いセルクル型を使い、この日冷蔵庫にあったラディッシュと盛り合わせ♡　盛りつけを繊細にするには、竹串2本をお箸のように使うのが便利。前菜や、サラダ、メインの付け合わせにもこの美しい円型盛りを活用すれば、フレンチらしさUP!

冷蔵庫の定番ストック素材で即フレンチを！❸

とろっとスクランブル＆きのこの焦がしバルサミコ

★★★

フランスのきのこ料理は、実に直球です。バターでソテーし、粗塩をふっただけ。それぞれのきのこの味を引き出すシンプル調理に徹し、違いを楽しみます。今回はしめじで作ってみました。バターの代わりの風味付けは、私が日本で言えばお醤油代わりによく使う、バルサミコ酢。卵はヨーロッパのホテルの朝食で食べた、思い出のふかふか具合にこだわりました。

材料（1人分、少なめ）

●スクランブルエッグ

卵 ―――― 1個（2個でも）
水 ―――― 大さじ1

●きのこのソテー

しめじ ―――― 約100g
オリーブオイル ―――― 大さじ1
バルサミコ酢 ―――― 大さじ1
粗塩、こしょう ―――― 適量

用意するモノ

ボウル、キッチンボード、ナイフ、泡立て器またはフォーク、フライパン、小さめの鍋、スパチュラ、トング

作り方

1　卵は室温に戻し、きのこはほぐし、スタンバイ！　まずはきのこから始めます。中火であたためたフライパンにオイルをひいて、きのこを入れます。軽く塩をふったら、じっと1〜2分待ちます。焼き付けるカンジで、香ばしさを引き出します。

2　裏返して、バルサミコをじゅっと入れます。そのまま（まるで焼きトウモロコシを待つように?）バルサミコが蒸発し、「焦がしバルサミコ」になるのを確認します。そのあと、混ぜます。全体に焦がしバルサミコが行き渡ったら、軽く粗塩＆こしょう。取り出しておきます。

3　次にスクランブルエッグ。これは私流です。も〜な〜んにも入れません。塩もなし！　上質な卵を使う事のみにこだわっています（物足りない方はもちろん、バターを足したり、塩などで調整してくださいネ）。鍋の中に、大さじ1の水を入れます。沸騰したら、火を消し、卵を流し入れます。

4　再び点火、火は弱めの中火です。周りから火が入ります。まぜまぜしながら、火からおろし、余熱で火を通します。その間10〜20秒くらい、超早ワザに☆　半生とろとろ感を残したまま、盛り付けます。あらかじめ、お皿のどこに置くかを決めておくとスムーズ☆

食べるとき

いただくときは、もちろん卵＆きのこを一緒に♡　焦がしバルサミコの香ばしさ＆酸味が、卵本来の甘み、コクを引き出し、好相性♡

PARiS FOOD シュケット

シュケット、そう、プチシューみたいなカンジ?　ピンポン球サイズのシューに、そぼろ状の白い砂糖のかたまりが数粒のっかってる、カワイ〜シューくん★　私、大好物です。

シュークリームより、こっちが好きです。シュケットもシャンパンとともにいただくのが私流。他にもマカロンや、ペストリー関係の甘いパンにもシャンパンを合わせたがります。よろしければ試してみてくださいね！

冷蔵庫の定番ストック素材で即フレンチを！❹

チキンのロティ、ハニーマスタードソース

★★★

クリスマス時期にはもちろん、チキンは季節を問わず定番。週末のマルシェには、丸ごとチキンが専門の大型機械でぐるぐる回りながらロティされています。まるごと1羽か、ハーフでの買い物になりますが、ハーフでも大きい！　その味を思い出しつつのレシピです。

材料（作りやすい分量）

●チキンのロティ

とり胸肉	1枚（約200g）
じゃがいも	1/2個
にんじん	1/4個
たまねぎ	1/4個
にんにく	1片
マッシュルーム	1個（あれば）
ローズマリー	1房（あれば）
オリーブオイル	大さじ1
塩、こしょう	適量

●ハニーマスタードソース

粒マスタード	小さじ1
練りマスタード	小さじ1
はちみつ	小さじ1
レモン汁	小さじ1
水	小さじ1/2

（いずれもお好みで調整してくださいね）
※マスタードソースは、「合わせ調味料」と考えてください。

事前にまぜて準備しておきます。

用意するモノ

ナイフ、キッチンボード、フライパン、トング、グラタン皿、スパチュラ、ミニボウル

作り方

1　まずはとり胸肉にちょっと多めの塩、こしょうを。コレ、ポイントです。野菜の分量、切り方には神経質にならず、にんにく以外は見た目に同じに。

2　中火に熱したフライパンにオリーブオイルを入れ、皮目から焼き始めます。付け合わせも投入し、そのまま動かさずに焼き色付けに専念！　また、野菜たちをめがけて粗塩をパラパラとふります。3分くらいで、ちらりと皮目をトングでめくって確認し、裏返す。

3　火を若干弱め、1分ほど焼いたら取り出し、オーブン皿へセット。野菜たちも裏返してコゲを。これも同じグラタン皿へ移す（空いたフライパンはこのままに！　ゼッタイ洗わないでくださいね）。160度にあたためておいたオーブンへ！　低温でじっくりが、やわらかくなる秘訣。パチパチという音が聞こえたのが10分後。さわってみると、弾力アリ！　焼き上がりです。ふっくらしています。低温効果ですね！　肉汁を閉じ込めるべくこのまま放置します。

4　5分ほど置き、ななめ2〜3cmにカット。そぎ切りは、やわらかくいただける切り方。メインプレートにセットし、野菜も添える。

5　続いてソース作り。「合わせ調味料」登場☆　焼き色が残っているフライパンにじゅっと投入した後点火。泡が立ったらスグ火からはずしスパチュラで混ぜます。フライパンに残ったコゲ＝うまみと混ぜるだけで、あっというまにコクのあるソースが！

フレンチでは、切り分けて付け合わせと一緒に盛るのが一般的。

PARiS FOOD キッシュ

　みなさまご存知のキッシュ！　本場ではビストロの前菜、カフェでは軽食。サロン・ド・テではサラダ付きで主食。フォークとナイフで「いただきます」の図です。パン屋さんや軽食スタンドの定番で、カジュアルに楽しめるストリートフードにもなる万能選手。

2ème CHAPITRE

“旬感服”をプラスして、
今風パリ

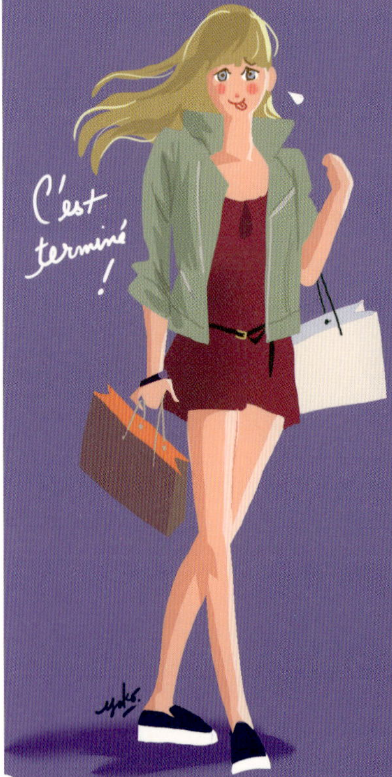
C'est terminé !

PLAN

1　季節をつなぐシースルー

秋モードをちょぴっと取り入れつつラストサマースタイルを
夏の終わりには、インナーの色を秋色に
足もともサンダルからハイカットスニーカーへ
春から夏の変わりめ
ひざ下スカートにも！シースルーのスカートでプラス涼感
秋の気配を感じたら透け感カーデを羽織って。ネイルは秋
イッチ。
À la fin de la saison

残暑の日には、最後のカラフルを！
心残りなく
夏モードフィニッシュ☆

シースルーを操りつつ、次のモードへ

パリっぽさが実によくわかるのが、季節の変わり目。
たとえば、夏から秋への移り変わりがなんとなくドラマティック。
ヴァカンスでの開放的でカラフルな装いから、
パリへ戻ればモノトーンの街に合うシックな装いへ。
朝夕の温暖差があるため、大々的な「衣替え」は必要ないけれど、
「秋らしさ」を色や柄に取り入れて。

朝10時、オフィスにて。
パリジェンヌのつぶやき――

“楽しかったヴァカンス。
永遠には続かないヴァカンス。
ふだんの（つらい?）生活へスイッチを切り替えるのに、
ファッションを変えるっていうのもアリね。
今日はモノトーン。
で、また来年のヴァカンスのために働く。
まずは今日働く。ランチのために働く。
ランチは何を食べようか？”

夏と秋をつなぐアイテムとして私がおすすめしたいのが、
「シースルー」。
夏の終わり、急いで秋モノを買うよりも、
今着られるシースルーが結果おトクだと思います。
温度が今より10度低くなるまで待たなきゃならないアイテムは、
今は見るだけに留めてみると、結果「こやし」の防止になるはず。

モード界では「季節先取り」ですが、
ふだんの生活では、「向こう2週間先取り」くらいの感覚で
服を買うのがちょうど良い、と私は考えています。
夏モノであれ、秋モノであれ、
「今スグ着られるアイテムから」が共通かな？
いずれにしても、シーズンの変わり目はいつも、わくわくしません？

PLAN
2 シースルー・ア・ラ・モード

よりフェミニンに品よく映る、透け感をエンジョイ

✦部分シースルー✦
→ヴィヴィッド色の肩ヒモブラをシースルー用に選んで
✦スカート✦
オフィスでもイケるよう、トーンを
肌色に近いモノにすれば
セクシー過ぎない
※黒タイツでは
黒っぽく

Les looks "transparente"
ブラウス
インナーとパンツの明るさをそろえてスラッとタテ長
体型カバーを兼ねたオーバーブラウスは、シースルーならシルエット軽やか♡
背中
ランニングはパリジェンヌ好みの、＝うしろX型を
インナーをラメにして、エスプリを透かす!
さまざまなシースルーを楽しんで
レース
無地
ドット
編み

PLAN 3

「キラキラ」をほんの少し装ってお出かけ

とびきりのワンピースに、バッグで輝き導入

フレンチの席では、取り分けや、お酌をしないから、不意の汚れの心配ナシ。お気に入りの大事なワンピースでも安心です★

フレンチ・レストランへ

女子会へ

デコルテ出し、女子っぽさ100%のよろこび

大ぶりピアス、デコルテ出し。コレ、パリジェンヌの大好きアイテムなのはご存知ですね！思い切りやさしい雰囲気にして、男子に媚びない「女性度MAX」でお出かけしたい♡

うしろ姿に華やかさを

立食スタイルのときは後ろ姿も、見えますね。バレッタをうしろからも見える位置で留めてみるのもアリ。いつものブラック・ドレスも背中に飾り♡　いつものスタイルでもちょっと違うのがパリ流☆

立食カクテルパーティへ

キラキラバレッタ
パリジェンヌの永遠アイテム、プティット・ローブ・ノアール＋アンクルブーツでトレンド感を
Pour カクテル パーティ

カジュアル会へ

キラキラ ショート・パンツ
Pour カジュアル・パーティ
さりげなく肌色アミタイツ＆スニーカーでお茶目モード♪

華やかアイテムに、カジュアル要素MIX

とくにドレスコードのないカジュアルな会では、少し「脱力感」を出すのがパリジェンヌっぽい！　スパンコールのショートパンツに、バスケットの組み合わせは、別モードミックスの通好み♡　きれいに洗った白で、清潔感は忘れずに☆

PLAN
3 「キラキラ」をほんの少し装って

マダム会へ

Pour
マダム会
キラリ☆ひと粒ダイヤピアス
大人は非キラキラ、さりげなく光る存在☆
黒ストッキング+黒アミタイツ
ジャガードの格子と何気に合わせる
粋なはからい!?

渋ゴージャスは、出しゃばらなくてもきらりと光る☆

マダムに必要なのは「余裕」。マダムともなれば、アイテムもそれなりに持っているはず。それらの中から、厳選して、派手すぎず、つけすぎずにすれば、洗練感が出せます。

ニオイを気にせず、おいしくいただく

焼き肉屋さんで注意しなくてはならないのが「ニオイ」。おしゃれ着にこれがついちゃうと、クリーニング行きになりますね？ なので、焼き肉屋さん用を用意しておくと便利。ビジューはニオイがつかないから、これでキラキラを!

焼き肉屋さんへ

Pour
焼き肉やさん
キラキラ衿型ビジュー
「付き」でないから
ゆれてキレイ♡
インナーでさし色を
服はallファストファッションで、
ニオイがついてもオーライ☆
洗たく可がbetter

結婚式へ

受付時
受付嬢任命♪。
Robe pour banquet de mariage
アンティークっぽいバレッタを
披露宴
ゴールドの大きめネックレスを。ワンピと同トーンでさりげなく輝く！
Jkを脱ぎ、ワンピ姿で
列席者目線はココから上。
つけ過ぎ防止で！
Bagは白でもノープロブレム☆
盛りは非パリ流
ツヤあり素材でゴールドっぽく見える
山吹色ワンピでシブ色でも華やかに！
(orココア色)
スモーキーピンクのパンプス

シックで艶っぽいパリ仕上げで、結婚式に品ある華やかな装い

よくあるピンクのドレス、これはコンサバで無難ではあります。私の個人的意見ですが、黒髪に対して薄いピンクではトーンが軽く、コントラストがつきすぎて、イマイチ統一感に欠けるため、あまりおすすめしたくないのです。第一に心がけたいのは、新婦の「白」を引き立てること。そう考えればシックな色でも、華やかな印象であれば、ドレスコード的に問題ないはず。ドレスは地味色に、ツヤ感素材がイチ押し！

PLAN 4

買い物する前にきちんとリサーチ

リサーチ1
しもふりグレーニット
デニムに合う、70%のグレーを求めて
シャツをinでもデコルテ出しでも
双方イケるVアキ具合を探る!
♡70%
?40%
ちょっと幅広Vの方がフェミニン仕様
うしろもチェック!
うしろ姿も首長へー

ニット編

グレーニットをとことん比べてゲット

パリジェンヌ御用達ブランドをリサーチすると、どこでも見つかるのが、霜降りグレーのニット。たくさんある中から、「自分に合う」一枚をとことん探す、パリジェンヌのお買い物。これを見習って、さっそくブティック巡りを! チェックポイントはたくさん。

＊デニム派なら、70%グレー。

＊なるべく着回すために、着方を限定しないゆるりとしたVネック。うしろ姿もパリジェンヌのように気にしてみて。

ゲットするまでには、数カ所見て回り、試着する必要がありますよね。その時間の使い方もパリジェンヌ的☆

ダウンなら、スリムシルエット限定！

冬場なら早めにリサーチしておきたいのがダウン。「え、パリジェンヌにダウンは不人気では?」そうなんです、確かに。でもその主な理由は、単にシルエットが彼女らの好みではなかったからだと思います。そう、パリジェンヌは、すっきりタイトがお好み。もしそういったタイプがあれば、すぐ人気になると思います。

2012年、コントワー・デ・コトニエとユニクロのコラボダウンを試しに購入してみたところ、着ただけでスリムにカッコよく映る、パリ流シルエットマジックを実感しました。おまけに、暖かいし軽い。これは厳しいパリの冬には重宝しそう。横の段々の落差がなく、ハイ・ウエストに見えるのが理想的!

リサーチ2
スリムシルエットダウン
シルエットが細く、きれいであればダンゼン欲しい!
街着にするには、ドレッシーアイテムを合わせてみて
ベストはウデスッキリで好き

ダウン編

PLAN

5 カラフルで自由なランジェリー

見えないおしゃれが気分を上げる!

おうちでは、
ランジェリー・ルックで
リラックス
JOURNAL

アウターはシックに。
ランジェリーは
カラフル主義にして♡
Les lingeries
libres

PLAN
6
セールアイテム投入で新鮮に

フォーマルからカジュアルシーンまで使えるアイテムに絞って

みなさま、おわかりかと思いますが★　パリ流は「安い」だけでは満足しない！　セール品はつまり「出番の遅れたモノ」。本来ならば、そのシーズンの始めから使い始め、価格の半分はモトをとる。出遅れたからには、50%オフ！　うん、納得☆　お買いものはセールまで待ちましょう♡

パリ流の買い物はさらに用心深く、今すぐ〜次のシーズンまで使えそうでないと手を出しません。ここでは、冬場のセールを想定してみますね。12月はノエル！　パーティーに使えそうなアイテムが欲しい。1月は新年の改まった席や、あいさつなんかでコンサバ要素も必要。加えて2月の寒気にも耐えられるよう、巻きモノや手袋などの、カジュアルアイテムにも相性がよいものがベター。

また、この時季はアクセサリーも狙い目！　私のおすすめは、大ぶり＆小ぶりのダブルぞろえブレス。ゴールドとシルバーをそろえれば、合わせる服の色を選びません。というわけで、ゲットするのは、ジャケット、ワンピース、ブレスレット2種。これらで着回ししていきます！

華やか小物をプラスして、よりきらびやかに

おうちで仲間内のノエルの会。その前にみんなで、イルミネーション見学。7時の街では、首にファーで防寒を。10〜20分ぶらぶらしたら、おうちへGO! メニューは、持ち寄り。私はシャンパーニュ持参、みんなで贅沢に!

イルミネーション見学&おうちノエル

プレ・クリスマス会

ちょっとだけゴージャス

24日は彼との約束。その前はプレ・クリスマス会が目白押し! 「いちばん」は24日にとっておきたいから、今日はシブめパーティ・ファッション! ジャケットはストール代わりの扱い。ブレスは、きゃしゃと太めのコントラストが、手首をすてきに見せてくれそう。

コンサバスタイルにスイッチ可能

まずは衿元にスカーフを。ボタンで留めたジャケットの下に、ブローチで固定すれば乱れず安心☆　コンサバだからと言って、大ぶりブレスを「置いてけぼり」はかわいそう。むしろ、袖からのぞくブレスがスパイスに！

年末年始あいさつ

マドモアゼル

手持ちのカジュアルアイテムを合わせて

マドモアゼル世代なら、かしこまらずに行きたい。まだ守りに入らず、どんどん挑戦したいお年頃♡　帽子、手袋、ブーツの防寒3点セットをプラスして。

優雅な時間をゆったり過ごす、余裕の雰囲気を

“あら、ヨーコ、何急いでるの？　えっシゴト？　んま〜かわいそう！　でも一杯くらい飲んで行きなさいよ。エ？　その時間もナシ？

　んじゃなぜそんなに着飾ってるの？　ホテルだから？　まーそうね、そんなおしゃれも良いかもしれないけれど、ステイする時間を持つのも大切よ。”

ホテルのラウンジ

マダム

程よくゴージャス＆クールに決めて

　マダムになると、嫌みに映らないアイテムが、「ジャラジャラ系」。パリのマダムは、本物か否かを問わず、アクセサリー使いが上級。ボリューミーなネックレスは、お得意の装い。ドレスとの調和を考えて、ゴールド系にして。マダムだからこそ、イミテーションのボリューム系をそろえたいところです。

PLAN 7 年末年始を1アイテムで！

ベーシックコート＆ジャケットで行事を乗り切る!

「その場にふさわしく」がパリ流おしゃれの極意。親戚や、家族と過ごすにも、新年にふさわしく、きちんと装いたい。日本のお正月の過ごし方は、フランスでは、クリスマスに似ています。家族行事で、一家だんらん。普段着でよさそうだけれど、そこはノエル。キリスト生誕を祝う場だから、正装まではいかなくても、だらっとせずにきちんとおしゃれをするみたい。さて、わが日本の新年は、コンサバで！　ジャストフィットサイズのコートとノーカラージャケットがあれば、着飾らなくても充分パリジェンヌ風。まずはここからスタートを！

アウトレットへ

初売りアウト・レットモールへ
試着がラクにできる格好で!
大判ストールで外のショップもOK☆
ショッピングにはななめがけ
←コートの下は

新年の飲み会

〜新年のお祝い&飲み会〜
コート&巻きモノを預け、
着席時は
白のブレスと赤ネイルで
「紅白おめでた」ナンチャッテ!?
上から濃くなる
グラデーションルック!

初詣

〜初詣&祈願〜
やはり新年、きちんと系はキープしたい？
神社のジャリ道でもOK、ペタンコ靴♪
境内で祈願時
周囲のきものスタイルを意識してファーで華やかに

パリジェンヌとおしゃれレッスン

失敗しない、心配いらずの合コンスタイル

自分らしく、自然体で振るまえるヒミツはね…
がんばってる感ゼロのナチュラル・パリ流は、合コンおしゃれにもバッチリ☆

今日は合コン♡
IZAKAYA
このお店ネ
もしかして お座敷もありうる??
だとしたら、靴はコレで決まり! スムーズにぬぎはきできるし、ヌーディだから、基本、どんな服にも合う☆
素足にパンプスが、パリスタイルで好み。だけど、素足のまま床や、トイレのスリッパをはくのには抵抗あるかも… 一応、カバーソックスを持っていこう! (たとえ使わなくてもネ) 備えあれば憂いナシ★
色は清潔感のある白で!
服はどうするかな〜…やっぱワンピ?
王道でネ
シンプル
ふんわり
ちょいセクシー

ん〜〜〜 ふわっとタイプは場所とり過ぎ?
セクシータイプは女子会向きかも
帰りは冷えるかも? ストールも追加♪
これでなんにも心配なく、飲んでしゃべって食べられる♡
ウン!
シンプルでほど良くハリ感あるコレに決定
こんな失敗もナシ♡
で、アクセサリーとバッグは服と靴を着てみて決めた方がスムーズ♡
えーっお座敷で・ちょっと待って〜〜〜
おしゃれのつもりが「足手まとい」に??
食事中は上半身しか見えないでしょ? 派手より、プチ・ピアスで程良くネ
食事中、ウザくないシニヨンで男子目線クリア☆
うしろ姿もぬかりなくチェック☆
バッグは、スカート丈にジャストのコレがベスト

YOKO's EYE

パリ流家計のやりくり

「ふだん」と「たまに」を上手に分ける

パリ時代には家計のやりくりが大変でした。というのは、日用品の品揃えが日本と違うことから始まり、その選別を誤ると、すぐにお財布の中がさびしくなってしまうから。よく見て考えて買わないと、お金はどんどんなくなっていく……。

スーパーでは、お水、オレンジジュース、ワインなど、必需品の品数がとても多いのに驚きました。たとえばオレンジジュース。日本だったらオレンジジュースは数種で、他にも多くのフレーバーのバリエーションで「ジュース売り場」として成り立っていますよね？ **一方、パリのスーパーでは、ずらりと並ぶ値段がピンキリの「オレンジジュースコーナー」を前に、何を選別すべきか悩みました。**で、いろいろと試しました。高いのはやっぱりおいしい。でも、毎朝飲むオレンジュースに、そこまで予算はつぎこめない。「おいしい」というだけで、深く考えず買い続けると、イタイ目に遭うのも実感した私。

「かしこくならねば!」と、今度は最低価格に手を出し、「節約生活☆」とほくそえみました。ところがです。毎朝、スッパイオレンジジュースを飲む自分がなんだかみじめになってきたのです。朝からそんな調子じゃ、仕事ものらず。大げさに言えば、仕事のヤル気に影響し、作業量が減り、収入が減る……。なんのための節約か?? おまけに、パッケージの印刷も濁っていて美しくなく、すべてお値段通りのクオリティなのです。まあ、カワイイ瓶の容器に入れ替える手もアリですけど、かごに入れる段階で、なんかテンションが下がってしまう。結果、「いつも」はもうちょっとグレードアップさせた商品にしました。ちなみに日本でなじみの「ミニッツメイド」は高級な類で、「ごほうびオレンジジュース」としてたまに飲みました。

パリの生活では「ふだん」と「たまに」がきっちり分けられていたような気がします。「ふだん」は、手の届く家計の範囲でいつもどおりの商品を。「たまに」は、2割増プライス感覚の商品にして、週末や記念日などの気持ち盛り上げ効果を狙って。そのおおざっぱな「仕分け」を覚えた結果、家計簿ナシでもやりくりにつながっていたのです。

"いつもの"以外は、
しっかりチェックして
適正価格か
見極めるの
消費者も、
キビシー目で
見ないとネ
やたら成分が
多く、安いのが
アヤシイ…
プラスいくらか
払って、
カラダにやさしい
モノにするわ
そのかわり、
今日は帰りの
カフェ一杯は
やめておいて
家計の帳尻合わせ☆
その日のウチにするとラクだし
心配いらずヨ
ウチはいつもコレ！
悩まず即カゴへ
マダムのヨーグルト
夫のいつものヨーグルト
たまに同プライスで2コおまけの
+2
プロモが！ 助かるワ♡

プラスワン食材で、気軽にフレンチ❶

サーモン缶のブランダード

私はちょろっとフレンチを習っていた時期があります。今回の「ブランダード」はそのとき習ったレシピ。本場では保存食の真ダラの塩漬けの塩を抜き、じゃがいもや生クリームなどと和え、練ったもの。今ではすっかりフレンチを自分流で楽しくクッキングしている私のアレンジは、「サーモンの中骨水煮缶」を使用したもの。スーパーの缶詰コーナーのなかでも、とくにお気に入りのものです。後ろに記されている材料は、「鮭、食塩」。安心です！

材料（作りやすい分量）

- サーモン中骨水煮缶 ―― 1缶 (137g)
- じゃがいも ―― メークイン1個 (99g)
- レモン汁 ―― 小さじ1弱
- こしょう ―― お好みで
- ラディッシュ、オリーブ ―― お好みで

※使用した缶詰は「マルハ」のものです。他のものであれば、塩加減を調整するとよいかも。

用意するモノ

鍋、ボウル、マッシャーまたはフォーク、スパチュラ、竹串、大スプーン2個

作り方

1　まずはじゃがいもをゆでます。うちの場合は、水からゆでて、12分ほどたったら、竹串でさしてスっと通るようであれば引き上げます。熱いうちに、皮をむいて（竹串でとるとするっとはがれます）スタンバイ☆

2　ボウルに入れ、マッシュ！　レモン汁を入れ、サーモンを汁ごと入れます。スパチュラで、サーモンを砕く感じでまぜます。そのあと、再びマッシャーにして、今度は中骨を砕きます。フレンチでは、骨はきれいに取り除くのが基本ですが、この中骨のやわらかさ、砕けばノープロブレム！　しかもアクセントになるし、カルシウムもとれる！　なるべく細かくを心がけ、なじんだらでき上がり♡

3　ここから、スプーンを2個交互にすくって「フレンチ型」にします。アイスとかでもよくやる方法。俵型に近いですね。これをトーストしたパンにのせます。

4　冷蔵庫をのぞき、「お化粧」のラディッシュ、オリーブを。こしょうもごりごりっと！　あとは「おかわり」用にココットへ！

PARiS FOOD メレンゲ

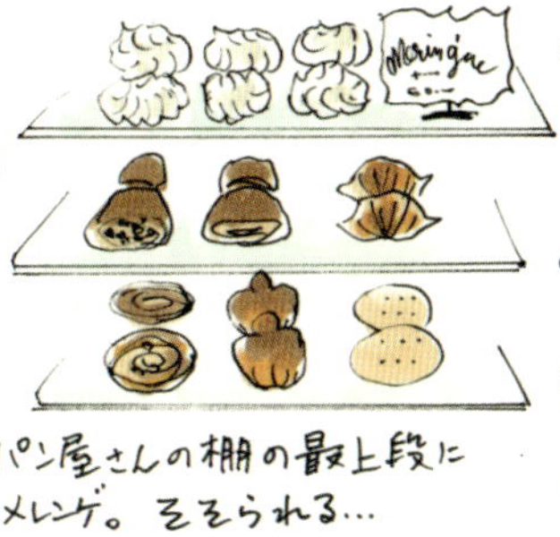

昔ながらのお菓子のメレンゲは、パリッとかむと、中の卵白がほろほろっと解体し、じわっと溶け、お砂糖の甘さが口いっぱいに広がります♡　その素朴な味が魅力。もうひとつ、私が愛するスイーツ、「イル・フロッタント」。クレーム・アングレーズ（カスタードクリームの名称がおとなりの『英国クリーム』なのが面白い）の上に、ぷかぷか浮かぶメレンゲは、仏名の通り、「浮き島」のよう。こちらのメレンゲはやわらかい。でも同じく素朴系のデザート。

YOKO's French Recipe

プラスワン食材で、気軽にフレンチ❷

アボカドとサーモンのヴェリーヌ

★★★

ヴェリーヌは、グラスの器に入ったレシピ。最近は日本でもおなじみになりましたね。夏にぴったりなクールさで、おしゃれ度も文句ナシ！ グラスの側面をカラフルな断層にするのが唯一のこだわりです。美容食材アボカドで！

材料（作りやすい分量）

アボカド ―― 70g（約1/2個）
スモークサーモン ―― 40g
プチトマト ―― 1個

お好みで追加するなら
ケイパー、レモン、飾り用ベビーリーフ

●調味料
ソース用（濃いお味がお好みなら増量で）
ケチャップ ―― 小さじ2
フレンチマスタード ―― 小さじ1
ヨーグルト（プレーン、無糖） ―― 小さじ1
粗塩、レモン汁 ―― 各少々

用意するモノ

グラス、ボウル、スパチュラ、ナイフ、キッチンボード

作り方

1 アボカドを粗みじんにし、レモン汁をまぶし、変色を防ぐ。サーモンも同じく粗みじん切りでスタンバイ。グラスを用意したら、まずはソースを敷きます（仕上げ用に少しだけ残しておきます）。

2 次にアボカド半量をのせて。トマトは側面から見えるようにサークル状に、その上にサーモン、最後に残ったアボカドの順です。

3 ソースをたらりとかけ、お好みで粗塩、ケイパーを。レモンとベビーリーフを飾って「お化粧」をしたらできあがり！

食べるとき

食べるときはプリンみたいにそこからすくって。私はアクセントに粗塩をパラパラふってから、いただいています。薄切りバゲットの上にのせてもおいしくいただけます♪

YOKO's French Recipe

プラスワン食材で、気軽にフレンチ③

2種のパリパリ「クリスピー」焼き

☆☆☆

フレンチで最もこだわるのが「食感」と言っても過言ではないと思います。そのためには焼き加減、火加減が肝心。味付けは二の次にしても、食感さえ間違えなければお料理は、ほぼ成功。フランスでは小麦を使った「シート」類が豊富に売られています。そのひとつ、パリパリのクリスピー感を楽しむ仏名「クルスティヤン」。点心の皮で代用しました。

材料（1人分、各1×2）

●ベーコン、オニオン、ギリシャヨーグルトのパリパリ（タルト・フランベ風）

ワンタンの皮 ―― 2枚
ベーコン（ハーフ） ―― 1〜2枚
オニオン（繊維に直角に5㎜幅スライス） ―― 少々
ギリシャヨーグルト ―― 大さじ1
塩、こしょう ―― 適量

●ポテトとオリーブオイルのパリパリ

ワンタンの皮 ―― 2枚
ポテトの薄スライス ―― 5〜6枚
オリーブオイル ―― 小さじ1
塩、こしょう ―― 適量
ハーブ ―― お好みで

用意するモノ

オーブン用シート、ナイフ、キッチンボード

※オーブンは200℃に予熱しておきます。

作り方

1　まずは、オニオンとベーコンは同じ太さにスライスしておきます。ちなみに「タルト・フランベ」では、クリームチーズですが、濃密ギリシャヨーグルトに代用でも、食感OK!

2　天板にオーブン用シートを敷き、ワンタンの皮を2枚重ねでセット。下からヨーグルト→オニオン→ベーコンの順に材料を。ベーコンの油がオニオンにしみ込むイメージで♡

3　すでにほかほかになっているオーブンへ！　目安は4〜5分。あくまでも目安で、気にするのは「焼き色」。あと、耳も澄まして、「ピチピチ」という、ベーコンやオイルがはねる音が出てきたら「オーケー」のサイン！

ウチの場合（デロンギ製）、余熱で1分ほど休ませたらよい加減になりました。ポテトとオリーブオイルの方は、同様にワンタンの皮にポテトをのせ、オリーブオイルをかけ、調味して焼きます。

さて、盛り付け☆　こんなちいさなレシピでも、大切に扱うのがフレンチ♡　私はアミューズにして、手でつかんでパクッパリッとやります。ビールのおつまみにも合いますよ！　なぜなら「タルト・フランベ」の本場はビールの名産地ですから！

3ème CHAPITRE

小物使いで120%のレベルアップ

PLAN 1

アクセサリーを魅力的に見せる

大ぶりorプチサイズを選ぶ

とっておきのジュエリー&アクセサリーも、コーディネートによってはよく見えなくなったりしますね？　せっかく買ったお気に入りなのにもったいない。そんな問題を解決する私の提案は、①大きなアクセサリーをつけるか、②プチジュエリーをさりげなく見せるかの2つです。①の場合は、ブレスや指輪。②の場合は見えない場所のブレス（ときどき見える）、デコルテのネックレス、耳と巻きモノの間にひと粒ピアスがさりげなくきらりん♡もすてき。

PLAN 2

カラータイツはトータルバランス！

常に「合わせ」を考えて

パリ流はなんでも「トータル」で測るやり方。ビビッドな色合いは小面積ならOKでも、大きな面積になるととたんに着こなしが難しくなっちゃう。パリでもカラーや柄タイツは多く売られているのですが、街ではあまり見ませんでした。私の失敗談を。当時の旬カラー、グリーンを買って失敗！　まるでグリーンジャイアント！

グリーンは赤の補色であるために、血の色を感じさせず、まるで血の通っていない「人間離れ」した脚になってしまう！「私話」はこの辺にして、私のおすすめを描きますね。ぜひご参考にしてみてください。

パリジェンヌとおしゃれレッスン

バッグの選び方、持ち方がおしゃれの秘訣

夏は、軽いトート。
日ざしを受けて輝くスパンコール。
でもネ、スパンコールだらけだと、
派手すぎちゃう。
パリジェンヌの
キビシーチェックは
キラキラの絶妙具合に
向けられる!
全体の20〜30%の
スパンコールが
良いみたい♡
Été
秋は、ダークカラーの
ショルダー。
ファスナー付きが
便利なの。
スリ防止にネ
ライダースJKの
中におさまる
ボリュームヨ
Autonne
Hiver
冬は重衣料になるぶん
ななめがけで軽快にネ
ちょっと上になる位に
調節しているの。
だらり一んと下がって
見えないようにすれば、
スタイル良くも見えるから☆
荷物が多いときは
サブBagを持つときが
多いかな?
この時期は、ノエルのプレゼントや
準備で、荷物がかさばるし

PLAN 3

ジーンズがきまる靴下を選ぶ

カバーソックスが悩みを解決

パリ流イチ押しのアンクル丈ブーツには、カバーソックスが便利だと思います。たとえば、靴を脱ぐ機会があったら、わざと肌色でない、ヒョウ柄にしてもおしゃれ！ 脱いだらプチ・サプライズ☆ あるいは赤とか！ 基本インナーと考え、縛りなく、思い切り遊んでみてはいかがでしょう？

PLAN 4　見えないあったかインナー

このタイプはパリで買いました
やさしいコットン、
赤ちゃんの肌着みたいで、パリジェンヌ&フランスインナー的
透かしドット
コレはプリンセス・タムタムのもの
Sous-pull à Paris??
室内
外
中がコレなので着ぶくれしない
私の愛用品で失礼します
ユニクロ
H&Mの長そでT
肌色に近い色が便利デス
ソデと着丈が長くてgood!

意外とババシャツ愛用!?

有名なのは「ダマール」ですね。パリで一軒見ましたが、インナーが主力でもなさそうで、アウターなカンジ。デパートなどでは、それっぽいモノはあまり目に付きませんでしたが、スーパーでは、ときどき見ました。実際、自分はどうだったか思い出しました。着ていなかった気がします。長そでTだったような。

というのは、やはり室内が暖かいから。ノンストップ暖房なので、カフェでも、けっこう汗をかきました。話が飛びましたが、ヒートテックのネックUタイプは良いですよね。パリ流のニットにも合うので私も愛用していて、なるべくニットと同色になるように心がけています。いずれにしても、パリ流はおしゃれよりも自分の健康優先☆　まわりが着ていなくても、寒がりさんであればババシャツ愛用がベター!

PLAN 5
冬のスヌード、春のストール

巻き具合だけで印象変化

パリジェンヌ好みのスヌード使い。これはどうやら、フォルムに気を配っている様子。丸くふわっ、もこっとさせていますね。私自身、昨年買いましたが、意外とアレンジは難しいですよね？　気をつけたいのが横とうしろ姿。ヘアとの相性を考慮して、うしろがふんわりする、「奥行きある」巻き方がいいみたいです。それにしてもスヌードは、デコルテあきのパリジェンヌの保温必需品！「取り外しできるタートル」のようなものかも？　春はやさしい色のストールがマストです！

PLAN 6 巻きモノの「巻き方」で差を出す

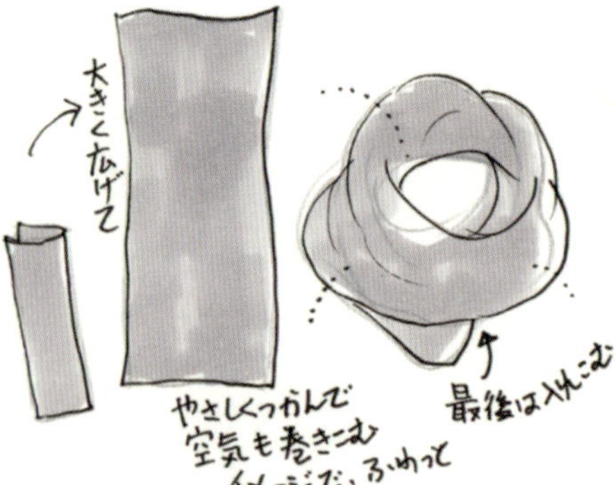

ふんわりエアリーが掟！

朝昼の温度差が激しいパリでは実用品としてマストな「巻きモノ」。しかし、実用だけではつまらない。しっかりおしゃれアイテムとし、顔が美しく映える巻き方、小顔に見える巻き方でプラスアルファを狙います。「スヌード」は、そのゆるっと加減がいかにもパリジェンヌらしいですね。今回は特別新調しなくても、スヌード風に仕上げた巻き方を。空気感を大事に、まるでワタアメのように首の周りをぐるっとゆるっと巻きます。顔から肩に裾野が広がるよう、巻いたあとに調整してみてくださいネ。

メンズ風を避ければパリジェンヌ

この巻き方は基本中の基本、みなさまおなじみですよね。これはメンズでも基本の巻き方。パリジェンヌはどんなメンズアイテムも、さりげなくフェミニンに変え、自分たちのスタイルにしています。この巻き方もしかり。どこで差がつくかと言えば、やはりふんわりとした首周りとドレープ感です。ふつうの長方形のストールであれば、ななめにする感覚で角をつくり、そのままくるっと巻けば、ドレープが生まれます。三角に垂れ下がれば、フェードアウトする印象で、自然さが醸し出されますよ!

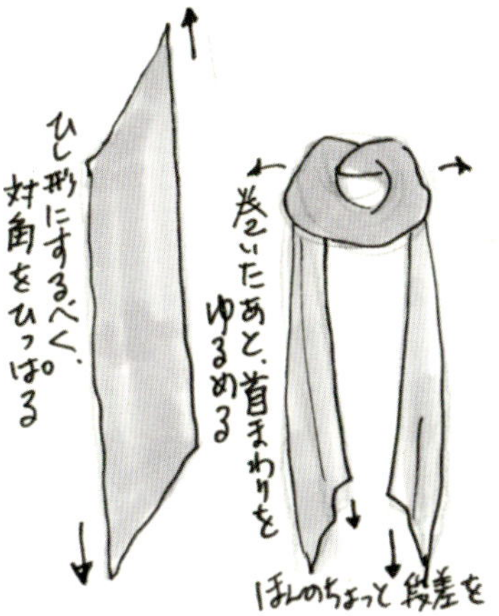
ひし形にするべく、対角をひっぱる
巻いたあと、首まわりをゆるめる
ほんのちょっと段差を

スマート夕張ドレープ巻き
カオより外側に来るよう

{やわらか仕立てで差を}
カオまわりの分量とドレープが、フェミニン度UP
メンズっぽくカチッとし過ぎは非パリジェンヌ

残り物でもOK!　挫折知らずの気ままに続けるレシピ❶

外カリッ中モチ!　塩系パン・ペルデュ

★★★

フランスでは、食べ残したバゲットは、翌日にはかっちかち!　それを再生させるレシピ。「再生」するのは、食感。前日のバゲットの皮カリッ中モチッ♪　これが第一目標! YOKO流は、甘くないパン・ペルデュ。塩系にし、総菜パンのような感覚でいただくレシピを考えました。カロリー減のため、バターはオリーブオイルに。動物性脂肪をなくし、良質植物性オイルにしてヘルシー☆　一晩寝かせると卵液がまんべんなく中まで染みこみ、モチっと感アップ!　日本名では「フレンチ・トースト」。バゲット使用でよりフレンチらしく!

材料（作りやすい分量）

パン —— 60g（バゲットスライス約4枚分）

●卵液

卵 —— 1個

豆乳 —— 60mℓ

パルメザンチーズ —— 小さじ1〜2

（お好み、もちろん粉状でもOK）

塩、白こしょう（なるべく。黒でもOK） —— 適量

●トッピング

ベーコン（ハーフ） —— 4枚

オリーブオイル —— 大さじ1

お好みの飾り（YOKO流女子飾り、写真参照）

用意するモノ

計量カップ、ミニ泡立て器orフォーク、チーズおろし、ジッパー付き保存袋1枚、竹串1本

作り方

●前日夜の仕込み

1　まずは計量カップに卵を割り入れます。泡立て器でまぜまぜ。そのあと、分量＋αの豆乳を入れます。ゆるめがお好きな方は豆乳をもっと入れてもよいかも。で、またまぜてなじませる。

2　そのあと、パルメザンチーズを入れてまぜ、塩こしょう。味見をして、好みの塩加減にし、卵液完成！

3　ジッパー袋にパンをセット、そこに卵液を全量流し込みます。まんべんなく行き渡るよう、二つ折りにし、冷蔵庫へ。

●焼き

1　目標はホットケーキの焼き色濃度。そのマネをして、コンロの横にぬれ布巾をセットし、フライパンにオイルをなじませ、一度熱した後、底を布巾に持っていき、「じゅわっ」と音をさせる。コンロに戻したら、そっとパンをのせる。しばし待ち、でも心配なのでひっくり返す。片面1〜2分程度でしょうか。とにかく焼き色に気を配りつつ、火を通す。

2　少し安心したところで、ベーコン投入。ギャザーみたいに「ふりふり」になるのが望ましい。その後2〜3分くらい焼き、中まで火が通ったか確認。竹串をさし、さしたところをさわって、ほあっとあたたかければ、取り出す。

3　二段にして、ベーコンをはさむのが私のお気に入りの盛りつけ。できあがり♪（女子飾りは、冷蔵庫を見渡し、プチトマトとタイム。ベランダで栽培中のイタリアン・パセリ）。

残り物でもOK!　挫折知らずの気ままに続けるレシピ❷

トマジュースープ、南仏風

★★★

今回のレシピ、モデルは南仏「ピストゥースープ」と「魚のスープ」。トッピングは「オニオングラタンスープ」。私の「三大好きスープ」を合体させました。「ピストゥースープ」は、ズッキーニなどの夏野菜と、白インゲン豆の具にバジルがたっぷり入ったさわやか系。おとなりイタリアに渡れば、「ミネストローネ」と名が変わる。ピストゥー…からは、白インゲンとバジルを採用（←エラソー）。「魚のスープ」は、魚から抽出した出汁をサフランとともに煮た、魚のうまみ凝縮の、黄金色に輝く濃厚スープ。ここからはたっぷりにんにくを。オニオングラタンは超おなじみですね。ここからはとろりチーズを引用。

材料（トマトジュース小1パック分）

トマトジュース（できれば無塩）—— 200mℓ
にんにく —— 一片
たまねぎ —— 1/4個（約40g）
白インゲン豆 —— 30g
（じゃがいも角切りでも可）
バジル —— 一房くらい、お好みで
オリーブオイル —— 大さじ1
白ワイン —— 大さじ1（水でもオーケー）
塩 —— 小さじ1/2
こしょう —— お好み

●オニグラ風、トッピング用チーズトースト

バゲット5㎜厚のまっすぐスライス —— 3枚
ピザ用チーズ —— 10gほど、お好みで

●魚のスープ風、浸しパン用

バゲット5㎜厚のまっすぐスライス —— 3枚
にんにく —— 一片
フレンチマスタード —— 大さじ1
ピザ用チーズ —— 10gほど、お好みで

用意するモノ

ナイフ、キッチンボード、鍋、スープサーバー、スパチュラorヘラ

作り方

1　にんにくとたまねぎをみじん切りに。鍋の中に、にんにくとオリーブオイルを入れ、点火。超弱火です。イイ香りが漂ってきたら、たまねぎ投入。じっくり弱火で炒め、透明になるのを確認します。

2　白インゲン豆を入れ、あたたまったら白ワインを入れて、鍋肌のこげをそぎ落として、うまみ逃さず!作戦を。この鍋肌にうまみが!!　きゅっきゅとそぎ落として、その後トマトジュースを加えます。

3　ふたをして、中火で3〜4分煮て、塩、こしょうで味を調えます。少し煮詰まったカンジがベスト。バジルを入れて完成☆

4　トッピング用と、ひたパン用のパンを焼かねば!　ウチでは、7分くらい焼きます。

食べるとき

まずは、オニグラ風にチーズパンをのせて…

にんにくをこすりつけ
マスタード&チーズをのせ
スープにひたし食べ

PARiS FOOD
グルメなフランス人

味覚のみならず、五感のセンスがないとムリな職業
(星付)シェフは、胃へ消えていく"芸術作品"の生みの親。
すご〜く尊敬される!
マルシェで"かぎわける"シェフ
クンクン

グルメっていうか!
イタんでる
食材や
食べモノには
敏感よ!
動物的カン?

料理も人も「本体」「素」が感じられないと意味がない?
ん〜〜〜
トリュフの
香りが
鼻にぬけるっ♡

フォアグラもキャビアも
死ぬほどおいしい。
でも、トリュフだけは
イマイチ
わからないのです…
土の味しかしないなーな…
研究はつづく
yoko.

フランスで暮らしてみると、グルメ情報よりも、普段、いかに安全に楽しく食生活を送るかが大事なことに気づきました。そうすると、食材に対しても、それを置く商店にも、調理法、原材料にもキビしくなる。もちろんレストランに関してもそう。**1** 傷んだ食べ物が見分けられない。**2** 新鮮な食材を嗅ぎ分けられない。**3** 素材本来の微妙な味の違いがわからない。**4** 歯ごたえ、食感をはかれない。**5** 調理の際の音で、焼き上がりを判断できない。どれかひとつでも当てはまったらシェフ失格となってしまうのですね。

残り物でもOK!　挫折知らずの気ままに続けるレシピ❸

ポテトの「グラタン・ドーフィノワ」を豆乳で

★★★

パリの食生活で、つくづく感じたのは、じゃがいものおいしいこと！　パリでじゃがいも料理に開眼しました。そのお気に入りの1、2位を争うのが「グラタン・ドーフィノワ」。じゃがいも、牛乳、生クリームでつくるシンプルなポテト・グラタン。牛乳と生クリームを豆乳に代えてアレンジし、トッピングのチーズでコク＆コゲ出しを。メインのお肉やお魚にも添えられるグラタンです。パーティにもおすすめ！

材料（じゃがいも2個分）

じゃがいも（メークイン）――2個（約180g）
豆乳――1/2カップ
チーズ（ピザ用）――約30g
にんにく――1片
ナツメグ――小さじ1/3程
塩、こしょう――適量

※じゃがいもは男爵でもよいと思いますが、芽をとるのが面倒なので、メークインを使用。

用意するモノ

ナイフ、キッチンボード、ラップ、グラタン皿

作り方

1 グラタン皿に、にんにくをこすりつけて、底に香り付けを。じゃがいもを2〜3mm幅の輪切りにします。3〜4段に重なるようにまず一段目をつくります。塩、こしょうをほんの少し、ナツメグも少々ふります。その上にじゃがいもをのせて、同じようにします。

2 並べ終えたら、ラップをしてレンジへ！じゃがいもが透明になったのを確認して出します。ウチの場合は、500Wで6分。

3 ラップをはずし、豆乳を注ぎます。豆乳は、分量にこだわらずに、じゃがいもの高さまででOKです。そのあとにんにくのスライス、チーズをオン！

4 180度にあたためておいたオーブンへ。9分でできあがりました。

付け合わせでいただくのが本場式。各々スプーンでよそってメイン皿へ。

四角くカットして、メインに添えると美しく見える。

4ème CHAPITRE

パリ流ノアールを極める

PLAN 1　いつでもどこでも万能色「黒」で！

マドモアゼルは大人かわいく彼の♡をキャッチして

　パリの資料を見ると、70％モノトーン。しかも結婚式のゲストスタイル特集でも、モノトーン主流。ノアールの奥深さ、迷宮にはまってみましょう。まずはデートスタイル。マドモアゼルはとくに大人意識。そんなときのお決まりはもちろんノアール！　丸衿やミニ丈で若さをプラス。学生なら、移動に適したストレッチの効く素材を。スニーカーを明るめにして、若々しいノアール・コーデ完成。お仕事スタイルは、黒のパンツスーツに、モノトーンのシャツを入れ込んで。

デートバージョン

学校バージョン

仕事バージョン

子どもだっこもOKのダウンスタイルで

休日に、近所のスーパーへ。レザーブルゾンを羽織り、毛糸のマフラーを。カジュアル路線も黒で充分☆　ふだんの外出なら、上はとろみ素材、スカートはウールのフリンジ付き。動くと揺れ方が異なって、黒に表情が生まれますね！　そしてママのノアールダウンスタイル。スポーツアイテムを違和感なく街着に変えるには、やはり黒の力が必要！

PLAN 1 いつでもどこでも万能色「黒」で!

昼は、肌露出控えめで

昼時は、明るい。当たり前ですね? なので、夜に映える夜バージョンより少し輝きや露出のトーンを落とした方がよりベター。ジャケットとパンツでも、インナーにツヤ素材を持ってくれば昼パーティに最適★

夜=ソワールこそ黒の出番

「パーティ」をフランス語辞書でひくと、「SOIRÉEソワレ」と出てきます。日本語の夜会服も「ソワレ」。そんな夜に間違いないのが黒ドレス。素材をゴージャスにシルクにして、シンプル・シックを極めたスタイルで!

ローブ・ド・ソワレは
デコルテ美マスト

庶民の私は、本格ソワレの機会はないに等しいですが、描くのは自由？というわけで、シメは本格ソワレ、ローブ・デコルテで！　ドレスコードはその名の通り「デコルテ出し」。きれいな胸元のカッティングを選びたい（予定はまったくないですが）。フレンチブランドのサイトでは、このロングドレスのラインナップも豊富で、文化の差を感じます。子ども時代は、ロングドレスでお姫様のように装いたかったものです。ピンクのデコラティブなものを連想していましたが、今はダンゼンシックなデザインのノアールが憧れ♡

本格ソワレ
バージョン

PLAN 2

ノエル用ブラックワンピを普段にも

〜もうすぐ彼がウチへやってくる〜
フツーにおしゃべりするだけでも、やっぱりおしゃれは欠かせない☆
〜モヘア
なに気にバレエっぽくワンピは「ブラック・スワン」に!?
〜オフィスでブレイク・タイム〜
エスプレッソの苦みは大人にマスト
インナーをカジュアルニットで。しめつけないスタイルでリラックス
〜マドモアゼルの冬休み〜
カラオケへGO!
↑ワンピの丈とほぼ同じ

おうちでデート

ブレイク・タイム

マドモアゼルのカラオケ・ルック

ブラックワンピをカジュアルに

　ブラックワンピは、パリでブームの「バレエ調」のソフトさに少し「毒気」をもたらし、小悪魔テイストに。おうちデートには、アームウォーマーを合わせたスタイルがぴったり。

　もし、このごろイベント続きで少しお疲れなら、ワンピの下に、ゆるっとニットを。靴はぺたんこブーツでがっしりと。苦いエスプレッソの香りと味で、午後のひと休み。

　楽しいカラオケタイムには、フランネルを羽織ってみて。ラフにふわっと、がパリっぽい。

ブラックワンピでお出かけ仕様

　パリジェンヌの週末の楽しみのひとつ、映画。カーディガンを重ねて、ベルトで固定。きゅうくつしないしなやかコーデが万全。

　お気に入りのショップで、お気に入りのマカロンを買う——そんなパリの有閑マダムは、ブラックワンピにライダースジャケットをオン！

一方、こだわり食材専門スーパーへ。そんなときはストール＆ニットでやわらかく。

〜ウィーク・エンドで混み合うシネマ〜
話題作をシネ・コンで♡
ロング・カーデを遊び心でスタイリング
前をあけて革ベルトを
ウィークエンドのシネマへ
〜お正月の贈りモノを買いに〜
近所で一番のパティスリーでカラフル・マカロンを♡
Macarons
ライダーズJKをオン！
マカロンを買いに
〜ひと駅先のオーガニック・スーパーへ〜
オリーブ・オイルとハーブは、ここのでないと☆
ストール&ニットJKでソフトなマダム路線！
ひと駅先のスーパーへ

PLAN
3 黒のニュアンスに敏感になる

30～40代編

30~
40ans
4種の「黒」をたのしんで!
レザー、
マット、
すかし
ツヤ
ボトムスに黒のニュアンスをまとめて!
パリジェンヌの好きな
黒タイツにサンダル合わせ

黒の違いがわかるパリジェンヌ

パリジェンヌと言えば黒、モノトーン。ひと口に黒と言っても、いろんな表情があるのが長所。素材によって違う風合いを活かしたコーディネートであれば、ありきたりな黒でもちょっと違って見える。パリジェンヌが、「ワインのテイスティングと同じ、100枚あれば100通りの黒なのよ」と言うかどうかはわかりませんが、「違いのわかる女」といったところでしょうか!!

PLAN 4

年齢から解き放たれてみる

Madame
et
Mademoiselle
違いはシューズのみ☆
それぞれの世代の魅力で

カブっても
ノープロブレム

　著書では「エイジレス」をうたっている私。そうなんです、基本パリでは年代分けが日本ほど明確ではないのです。ブティックには幅広い年代の女性が行き交います。若い子がプライス的に無理なケースはあっても、年代でNGなものはないに等しい。マダムとマドモアゼルのアイテムが「カブる」ケースを目撃したことも珍しくなかったのですが、どっちかに軍配なんてありえない。どっちもすてきでしたよ！　全女性、みんながおしゃれを楽しんでいるのが見てとれました。さて、そんなわけで、「これぞパリジェンヌ・スタイル」を、マダムとマドモアゼルで描いてみました。

PLAN 5

「ピリリ赤」の効かせワザ

ビギナー編

ルージュ以外は
スッピン風☆
赤ルージュのみでも
パリジェンヌ風に!
着くずし&着こなしに
ヒミツ☆
ヘア・トップスは
ラフ&ルーズ
↓
ボトムスは
スッキリライン
99%
地味色
+
ちょこっと
ルージュ
“Rouge à la mode”

流行色はミニマムにし、スパイス的に使用

“始まったばかりのシーズンで、つい前のめりになって「早とちり買い」はさけたい!”

パリ流女子のつぶやきです。お小遣いを賢くやりくりする頭脳派、パリジェンヌ。そのパリジェンヌに代わって、私がおすすめしたいのが、「赤を少しだけ効かせたスタイル」。少しダークな赤。それをほんの少し入れるだけで、ぐっと鮮度は増します。

これもまずは「無理なく」。新調しなくても大丈夫。あるいは、小物などで取り入れる。イラストのように、地味色でコーディネートをまとめて、赤ルージュにするだけでもいけますよ! まず、はじめにいかが?

PLAN 6

「ピリリ赤」のスパイス

マドモアゼルは大人かわいく彼の♡をキャッチして

学生のつぶやき――

“も～勉強で忙しい……。宿題だらけで、放課後のお買い物もままならない。おしゃれ？　基本、勉強しやすいスタイル。どーしてもパンツスタイルになっちゃう。地べたにすわって講義を受けたりもするでしょ、あと、お昼も、公園や広場の地べた、階段なんかでとるの。同じメニューでも、テイクアウトだと、安くすむからネ。パンツスタイルはそんな理由から☆　ふだんはこんなカンジで過ごして、たまったお小遣いをファッション代にするかな。お買い物時間はないけれど、ウインドーは常に見て回るのが習慣！　決断するときも、勉強のようにあれこれ考えて、答えを出すのよっ。貴重なお小遣いのなかで、本当に欲しくて似合うモノを買いたいから☆”

10～20代・学生編

スニーカーをシックな赤で
Étudiante
Bagにコサージュで
講義中、ヘアをざくっと結ぶためのゴム
ウザイと集中できないから☆☆

PLAN 7

「ピリリ赤」で旬なスタイルに

20〜30代編

20~30ans
赤ネイルのみに絞るのが効果的
Backがすかしあみニット、インナー赤！
※バックスタイルに特徴のニットは、ファスト・ファッション店でGet☆

仕事の妨げにならないモード

　学生よりは、ファッション代にお財布の余裕があるお仕事女子。でも、やみくもに手を出さないのがパリ流。厳密に言えば、人それぞれで、たくさん買う人もいれば、そうでない人もいます。ただ、「必要かどうか」をよく見極めて買うのが共通。たとえば、イベントの機会が多い人で、予算があれば、「一回限り」の使用でも買う。いくら低予算で済ませたくても、「安い、破格」という理由だけでは手を出さない。

　その人に合った生活スタイルで、その人らしいお金の使い方で、その人に似合うアイテムを買う。どんなスタイルであれ、格差はナシ。職業の邪魔にならないのが、真のドレスコード。デスクワークにはスカート、外回りにはパンツ、縛りのないオフィスではカジュアル。そういえば、パリでは公務員、郵便局でもカジュアルな人もいたっけ。おのおの仕事がやりやすくかつ支障をきたさないスタイルであれば、ノープロブレム？

PLAN 8

「ピリリ赤」をモードスタイルに

30～40代・それ以上も

いらないものを知っている経験豊富な大人モード

人生経験の長さは、つまりその分流行を数多く経験したことになりますよね？　おしゃれで尊敬されるこの世代、肌で感じ取ったその豊富なモード経験にもとづく「仕上げ力」で赤を取り入れたいもの。何が大事かもわかっているので、「欲張らない」。あれもこれもと身につけず、「これで充分なの」という雰囲気で☆

マダムのつぶやき――

“いろいろ身につけてきたから、いらないものもわかってるの。赤の配分もこれ位でいいの”

パリジェンヌとおしゃれレッスン

日本のニューイヤーにおすすめ、パリのノエル・ルック

コレがパリジェンヌのノエル・ルック。
家族と過ごすのがお決まり☆
日本だとお正月に家族と過ごすでしょ？
だからニューイヤーにこのスタイルがオススメ！
このワンピは、ツヤ感があって、パーティにピッタリ♪
このタイプは、6区の「Sinéquanone」でよくチェックするワ
ドレス・アップしてワクワクモードもUPしなくちゃ☆
日本のおせちみたいに、メニューはほぼ決まってるの
▶サーモン▶フォアグラ▶チキン（丸ごと）
▶ビュシュ・ド・ノエル
みんなで「分け合って食べる」のが大事だからネ☆
それがなによりの「ごちそう」だもの♡
カードはアナログ派

パリジェンヌとおしゃれレッスン

日本のノエルにおすすめ、パリのニューイヤー・ルック

今日は、朝までさわぐかな〜♪
パリジェンヌのニューイヤーは、キラキラ・ルック✩
日本では、ノエルにいかが？
"見せブラ"は、女子会にオススメ✩
派手赤JKとスパンコールキャミはH&Mなんかで探すの✩
ちょっと大人な夜の会なら、マキシでローブ・デコルテっぽくして、正装度UP
ノエル・カラーのPIPER-HEIDSIECK
コートは脱いじゃうから、いつもので。
ファーの巻きモノ、レザー・グローブでちょっと華やかにできるし
ダルメシアン柄♡
新年はシャンパンでお祝い♡
ふだんには高価でも、お祝いのときはポ〜ンとOpen！

YOKO's EYE

パリ流お弁当生活

ヴェリーヌなど、野菜も充実♥

お昼ごはんには、お弁当を持参しているという人も多いかもしれません。パリでは「BENTO」の名で日本食のまま浸透中。フレンチメニューを箱詰めにするスタイルは見ません。そこで私が日本で楽しむフレンチお弁当を考えるヒントとしたのがパリのファストフード。容器はたいてい深型プラスティック。サラダの具が段層になっていて、ほじくりながら食べるカンジ。あ、これってヴェリーヌみたい? 他に思い浮かべたのは機内食。前菜とメインが並列配置のイメージかな? 2段のお弁当箱を利用するとよさそう。

✦ヴェリーヌ風サラダ✦

側面見せのパリ流で!

ブロッコリー
プチトマト
ブランダード(P.60) or ポテト
ハム
ゆでたパスタ or リゾット
(フレンチはやわらかめ!)

女子のたしなみ♡お口拭いのセルヴィエット

ペーパータイプ

✦ドレッシング✦

レモン汁、オリーブオイル
お好みではちみつ

✦スライスパン✦

✦プチ・デザート✦
ショコラ・ビスキュイ

✦前菜&メインのフレンチ・デジュネ✦

半分に仕切っておフランス食べ♡

ゆでパスタ or リゾット
(同やわらかめ)
にんじんのレモン煮
とり胸肉ななめ切り(P.32)

ハーブ
ブロッコリー
ゆで卵&マヨネーズ
(フレンチ・レシピですヨ)
ブランダード(P.60)

Entrée
前菜

Plat
メイン

✦メイン用ソース✦

ハニーマスタード
(P.32)

✦プチパン✦

✦プチ・デザート✦
ショコラ・ノワール
& トリュフ

二段にして
カゴに詰めても

毎日作りたくなる！　ヘルシーフレンチ習慣❶

カンタン&ストックできる赤ワインソース

☆☆☆

メインに使えるソースのご紹介です。これは私のオリジナル。カンタンで低カロリーにするために材料を代え、プロセスを省きました。カンタン赤ワインソースです。ソースなのに、思い浮かべたイメージは、冬の「ヴァン・ショー」。はちみつやシナモンが混じって、体があったまるホットワイン。それを煮詰めるカンジです。

材料（作りやすい分量）

赤ワイン ―――― 1/2カップ
プラム（みじん切り）
―――― 1/2〜1個（お好み、なくても可）
チェリー・ジャム
―――― 小さじ1（はちみつでも可）
フレンチ・マスタード ―――― 小さじ1
シナモン ―――― 小さじ1/2
（お好みで増やしてスパイシーにしても）
塩、黒こしょう ―――― 適量

用意するモノ

鍋、泡立て器、スパチュラ、ナイフ

※ウチの材料は、飲む赤ワインはもったいないので（＾＾）クッキングワインです！　ジャムはたまたまあったので、チェリーにしてみました。イチゴでもいいと思います。

作り方

1 まず、赤ワインを煮立てます。沸騰してアルコール分が飛んだのを確認したら、プラムとジャムを投入。さらに中火で、半量くらいに減るまで煮詰めます。色も倍の濃度に! ウチではおよそ10分でした。

2 火をごく弱火にし、マスタードを入れます。シナモンも。泡立て器に代えて、きれいにまぜまぜ♪

3 なじんでとろっとなったら火を止め、器に移します。私の場合、これが3回分。少しに思えますが、意外と大丈夫。もちろん人数分に増やしてつくってくださいね! ふつうのスプーンで、とろっとかけるだけで大丈夫。

ソースに合わせるローストポーク

★★★

いちばん手抜きのケースでご紹介☆

材料(作りやすい分量)

豚肉トンカツ用(小) ―― 1片
りんご ―― 少々
(他パイナップルなどフルーツならなんでも)
塩、こしょう ―― 適量

用意するモノ

アルミホイル、トング

作り方

1 まずはアルミホイルの上に塩こしょうした常温の豚肉とりんごを重ねます。りんごは、ポークをやわらかくするため。糖度が効くらしいです。なのではちみつでも代用可デス。

2 くるっと巻いて、170度のオーブンへ。低温でじっくり焼く、やわらか仕上げを。時間は、10分でした。確認作業はもっぱら指先。押してみて、弾力があったらオーケー☆

※ポークは中まで火を通さなければならない分、仕上がりのタイミングがビーフより難しいのですが、「指で確認」を覚えると、失敗がなくなるはず。

3 ここですぐアルミからはずさず、少し寝かせます。肉汁を封じ込めるため。さて、2分ほど寝かせたあと、包丁で斜めにスライス。お皿に並べたら、ソースをとろ〜り♡

食べるとき

私は上にのせたりんごも一緒にいただきます♪ ピンクペッパーでお化粧を。お魚にも合うのですよ。このソース、甘さ控えめで酸味が強めです。なぜならそれが私の好みだから。甘めがお好きな方は、ジャムやはちみつ増量で調節してみてくださいね! 自家製は、好みに合わせられるからウレシイ☆

毎日カラフル野菜生活が可能！
私の野菜保存法

　できるだけ、毎日野菜を食べたい。でも、ひとり暮らしでの「野菜生活」は難しい。そんなふうに思っている方も多いのではないでしょうか？　なにせ、使い切らないうちに腐ってしまいますね。パリ生活で、野菜の「甘み」に目覚めた私、その甘みは自炊でないと味わうのが難しい。調味料が多いと、本来の甘みが消えてしまうみたい。さて、そんな私の野菜保存法は、ズバリ「野菜別」です！
野菜によって、保存期間が違いますが、別保存にすれば、傷みやすいものから順に消費できるので便利。

レタス

　まずはなくてはならないレタス。フレンチの定番「グリーンサラダ」用です。これは水切り器にレタスをちぎって入れて、氷水にさらし、氷が溶けたら水を捨てて、ブルルル…っと回転させて準備完了♪　その後、キッチンペーパーを敷いた容器に入れて保存。これで3日はもつかな？　一度くたっとなっても、氷水作戦で再生★
一束使い切り、捨てたことはないんですよ！

トマト

　トマトはプラスティック容器が苦手なので移し替えます。

かぼちゃ

最近は冷凍かぼちゃをチンし、マッシュして保存。話はそれますが、これにチーズをのせてグラタンを作ったり♡

ブロッコリー

ブロッコリーは、部位別に保存します。そのため、このようにカット。茎がお花みたいでカワイイ。ゆでたら、分けて保存。

ほうれん草

私はほうれん草を「葉」「茎」さらに「根」に分けて保存しています。というのは、部位により味も消費期限も違うから。いっぺんに使わずに済むのでプレッシャーもナシ。

なぜ、これを思いついたかというと、フランスのほうれん草が葉のみだったから。束売りではなく、ベビーリーフのように、葉っぱがわらわら重なった状態です。だから、フレンチの付け合わせが、ほうれん草の場合、葉のみ使用していたのですが、茎も、根もおいしい。もちろん捨てたくない。なので分解？　こんなカンジでカット。真っ先にするのは、葉のソテー。フレンチではやわらかめが基本なので、けっこう火を通します。白ワインを足してふたをして、やわらかくなったら火を強め、水気を飛ばして。しゃきっとさせず、とろっとが理想です。その食感のおかげで、ストックが可能です。2〜3日保管可能。これは、サーモンやビーフに合います。茎は別の日にメインと一緒にソテーすれば面倒なく作れます。根っこが甘くておいしい!

ポロねぎ

冬になると、フランスのお野菜では「ポワロー」が旬で重宝。まあ、西洋と日本の違いで、ねぎと言えばねぎですが、私には違う!! 甘いねぎ♡　薬味にならないねぎとも言えそう。日本のねぎでは代用できないのです。あくまで私的には、ですが。これをですね、ふつーにゆでます。フランスではわざわざひもで結わいたりして型くずれを防止していますが、私はそのまま。ゆであがったら保存容器へ。私のお気に入りは、塩とオリーブオイルをかけた前菜。この、まんなかの黄色いところが甘くてやめられない。本場では「シンプル・シック」の著書でも登場させましたがビネグレット・ソースで酸っぱめが定番。パセリも合いますね～。

ゆで汁

ゆで汁もストック☆ブイヨンとして使用するため。甘い煮汁は、うまみ! 捨てるにはもったいない! 鍋に、オイルでにんにく、たまねぎを炒めたあと流し入れれば、即席ポワロースープ! ポトフの煮汁にしてももちろん。ポワローはお値段張るけれど、全部使い切れば結果お得なのではないかと。他にもにんじんなどの煮汁は捨てず、冷凍庫にストックしています。なにしろ固形スープのもとは使わない主義。健康面でも安心ですしネ。そう、フレンチの神髄は「素材を使い切る」事。簡単レシピでも、一応そのルールには沿ってるつもりの私デス。

冷蔵庫はパレット

こんなふうに、いろんな野菜を保存していると、冷蔵庫のなかのビジュアルが、パレットのようにカラフルになるのです! これは気持ちの良いものですね。また、ラベルはゼンブ「私の方」へ向けるとお料理熱UP! 庫内での私の決めごとは、段ごとに「朝、昼、晩」を分けること。この日は食材が多めなのではみだしましたが。上段はオリーブやレモン、トマト、ストック野菜の夜用。真ん中は、みそ、めかぶ、お豆腐などの昼用和素材。下は、ヨーグルト、フルーツなどの朝用。朝昼晩「カブらない」食事で、栄養バランスを気にしています。卵コーナーでは、卵にもお行儀よくしてもらいます。その上にはなくてはならぬ、マスタードと、空き瓶に入れた自家製ドレッシング♡　冷蔵庫もギャラリー感覚で使いたい!

保存しながら、野菜を愛でる

私はときどきこんな写真も撮ります。単に美しいと感じたからなんですけどネ。フランスで言われる「暮らしのなかのアート」は、何気ないことで、美しさを感じて気持ちよく暮らすことなのではないかと最近とくに思います。「ふつーに野菜じゃん!」なんて言われるのを恐れて言えずにいた渡仏前。不思議ちゃん扱いを恐れて言えずにいた臆病者。今はいーんです、自分の人生、自分らしく感性使いたいから★　でですね、自由に描く絵のように盛り付けるのも趣味です。

保存野菜で毎日彩りごはん♥

私のパリの1日

日本時間に合わせてパリ時間朝5時～午後2時までが仕事。とはいえ…
パリですもの♡朝7時にブーランジュリーへ。焼きたてパンを！
主食のパンは毎食買うのが本場スタイル。「買いおき」はしない。

スッピンでGO！朝の空気も思い切り吸う
BOULANGERIE
BOULANGERIE
前日夕食を食べすぎたら、
カロリーを気にして、
ミニ・サイズにしてました。
が、やはり正規サイズが
おいしい。
外カリ、中モッチリの
配分がミラクル✧
ミニはモッチリが減る。
このぐらいコゲたのが好き♡
家族のためにバゲット2本購入マダムや

café
menu
常連
もうすでに
仕事を終えようとしている
オジサン
もうすでに終えて
ビールを飲んでいるオジサン
（自由業っぽい）
などのウォッチングが幸せ♡
家でロブションの料理番組をウォッチングしつつ朝食をとる時もあれば…

そのまま(パリでのお約束!?)歩きながら食べ。家に戻る前に食べ終え…

そんなときは、カフェに。
朝は東向きのカフェを選ぶ。
明るいテラス席がgood!

エスプレッソ一杯。
いつも持ち歩いているノートに
スケッチ&メモする。

聞こえてくるのは、エスプレッソマシンの音

乱暴運転(?)の車の音
⋮
などにパリの朝らしさを感じたものです。

部屋に戻り、ひと仕事終えたら、また外出!

暮らしはじめは、
1. オペラ地区へ画材調達 2. その前にデパートへ行き服を物色
3. ついでにデパート前のカフェをリサーチ、名物のショコラを
4. ついでに名物スイーツを有名パティスリーで
5. 夕食用のデリを求めにデパートへ戻る 6. できればパンも
7. 家に戻る前にせっかくだからオペラ地区のカフェでアペリティフを‥

などと 綿密にスケジュールを組みすぎて、出かける前に疲れ果て、一歩も出られなかった事も。
「いっぺんに」「ついでに」グセをやめ、

『今日必要なのは画材!それを済ませたあとで、その後を決める』に方向転換。

すると…

不思議と視野が広がり、今まで「見えなかった」景色が目に入ってくるようになりました。

用事を済ませ、ブラブラ♪

できたんだー

ディスプレイがモダン♡

センス感じる個人商店。
中を見てみよっと

…と「発見」が増え、
行きあたりばったりの「収穫」に目覚めたのでした。

午後以降に
フラリと入るカフェは、西向き!
西陽を浴びながら
ビールを一杯。
庶民的カフェは、お値段も
安い&おつまみサービスタイムに
ぐうぜん重なれば、
プチ・サプライズ的ヨロコビも☆

カワイイ「パリジェンヌ」がオーナー&デザイナー。

5時頃には、なにやら人気そうなブーランジェリーに近寄る。
ノープランのブラブラ歩きは、嗅覚も良好にするらしい。

こーゆー行列は、生活しているウチに
なれっこに。待つ時間は、物事を
慎重に済ますための大切な時間でもある。
：
で、美味焼きたてバゲットをゲット♡

パリっ子のように
つい「ひとくちかじり」
してしまう!

「夕ごはん、どーしよーかな〜」と
デパート食品売場のデリコーナーに寄るものの‥

見るだけ！ パリのデパートの おそうざいは宝石のように美しいが プライスも高級！

"人"手間分、上のせ？
ひとケタちがうような感覚。
ひとり分だったら おそうざいの方が
安く済むケースもアリの
わが日本との差を感じる…

ココを筆頭に おそうざい類は割高。
毎日だと経済破綻！…

で、仕方なく始めた自炊。

コレが、ハマりました！
焼きたてパンと シンプルレシピが
いちばんのゼイタクにすら思えて…

ゼイタクな食卓でも、レシピはシンプル

メロンと生ハムのサラダ

毎日、となると キッチンを そのまま 放置し、ためたくない。つまり明日の食卓のためにキレイにする！

片付けも苦にならないように

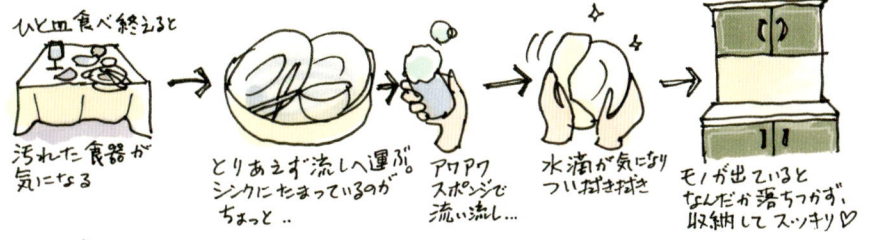

とりあえず流しへ運ぶ。
シンクにたまっているのが
ちょっと…
アワアワ
スポンジで
流い流し…
水滴が気になり
ついふきふき
モノが出ていると
なんだか落ちつかず、
収納してスッキリ♡

というわけで、

出不精で、外食&おそうざい専門の食生活、モノであふれた雑多空間での暮らし方が一転！
人間変われるもんですね!?

なんだか、**身軽**になったカンジです。おしゃれも、モノも、食べモノも、インテリアも
がんばってた それまでの自分から、パリシックでシンプルになった分、
感性が豊かにふくらんだ感があります。それが「**心豊か**」ということか??
ん!? ちょっとネコに似てるかも！

♥街を徘回
♥おいしいものしか口をつけず
(新鮮) 適量厳守
♥マイ・ペース、流されない、こびない
♥よく眠る
♥日なたぼっこ好き
(その時間にいちばん気持ちよさげな所で)
♥キレイ好き
(自分の周辺だけだけど)
♥ガツガツしない
♥グルーミング(自分磨き)に熱心
スキンケア

…………パリジェンヌは「ネコ科」というコトでオチとさせてください

merci.

À la fin

おわりに

帰国してからの方が、むしろパリ的生活をたのしみ、
満ち足りている様子、伝わりましたでしょうか？

パリ以前は、何事も「モノ」から入るタイプだった私。
「○○がないからできない」から、
「なければあるモノで工夫すればできる」に、
考え方が変わったことで、いつでもどこでも、身ひとつあれば、
パリジェンヌのように暮らせるのを実感しました。

マメに自分の五感に問いかける習慣を身につけたのも収穫でした。
「これ、どう見える?」
「どう聞こえる?」
「どんな味?」
「感触は?」
「どんな香り?」
あるいは第六感のような直感にも。
そうして、自分を見失わず、自分らしい毎日が続きます。

フランス人は、ワイン文化に見られるように、
個々の微妙なニュアンスを楽しむ術を心得ています。
それは気取りではなく、今、目の前にあるモノを五感を使って
ゲームのような娯楽に変える方法なのですね。

毎日、「自分の感性を使う」パリ流を習慣にすれば、今後も迷わずあわてず、
不安なく、自分らしく生きられるはず。

これからもご一緒に、パリシックにいきましょう！

連載原稿の書籍化を提案してくださった
編集の油利可奈さんに、お礼を申し上げます。
また、連載中、「友情出演」のように無償で参加し、
エールをくださった読者のみなさまに、深く感謝します。
ご縁がより強くなった証として、
この一冊を受け止めていただけたら幸いです。

BISOUS!
米澤よう子
Yoko yonezawa.

米澤よう子（よねざわ・ようこ）

東京都生まれ。女子美術短期大学造形科卒業。グラフィックデザイナーとして広告制作会社に勤務後、93年、イラストレーターとしてデビュー。広告、パッケージ、女性ファッション誌、CM、WEB、書籍装丁などで活躍。02年、パニエットを設立。04年から08年、拠点をパリに移し、パリと東京で作品を制作。パリの高級百貨店、ボン・マルシェなどでの個展が評判を呼ぶ。帰国後、パリジェンヌのおしゃれをテーマにしたイラストエッセイを多数刊行し、ベストセラーに。著書に、『パリジェンヌ流モードなプチ・ルール』(朝日新聞出版)、『パリジェンヌ流着やせスタイリング』(幻冬舎)、『パリジェンヌ流おしゃれライフ』(文藝春秋)、『パリ流おしゃれアレンジ!1〜2』(メディアファクトリー) などがある。
http://www.paniette.com

フランス語監修
クラス・ド・フランセ

●本書は、Webコンテンツサイト「Magalry」(2014年3月末で終了) 内で連載されていた、「日々パリ・シック&プチ・アートYOKO流」をもとに加筆修正し、書き下ろしを加えて編集したものです。

YOKO《ようこ》流《りゅう》
パリシック・スタイル

2014年5月5日　第1刷発行

著者　米澤《よねざわ》よう子《こ》
発行者　佐藤 靖
発行所　大和《だいわ》書房
東京都文京区関口1-33-4
03-3203-4511
印刷　歩プロセス
製本　ナショナル製本

ISBN978-4-479-78284-1

http://www.daiwashobo.co.jp